वस्तुनिष्ठ

मध्य प्रदेश वस्तुनिष्ठ

अनिल कुमार

प्रभात
पेपरबैक्स
www.prabhatbooks.com

प्रकाशक

प्रभात पेपरबैक्स

4/19 आसफ अली रोड, नई दिल्ली-110002
फोन : 23289777 • हेल्पलाइन नं. : 7827007777
इ-मेल : prabhatbooks@gmail.com ❖ वेब ठिकाना : www.prabhatbooks.com

संस्करण
प्रथम, 2018

सर्वाधिकार
सुरक्षित

मूल्य
एक सौ पच्चीस रुपए

अ.मा.पु.स. 978-93-5266-643-0

मुद्रक
रेप्रो नॉलेजकास्ट लिमीटेड, ठाणे

──────── ★ ────────

MADHYA PRADESH VASTUNISHTHA
by Anil Kumar

Published by **PRABHAT PAPERBACKS**
4/19 Asaf Ali Road, New Delhi-110002

ISBN 978-93-5266-643-0

₹ 125.00

भूमिका

मध्य प्रदेश का इतिहास बहुत पुराना है। आद्य ऐतिहासिक संस्कृति के अनेक अवशेष, जिनमें पाषाण चित्र और पत्थर व धातु के औजार शामिल हैं, नदियों, घाटियों और अन्य इलाकों में मिले हैं। वर्तमान मध्य प्रदेश का सबसे प्रारंभिक अस्तित्वमान राज्य अवंति था, जिसकी राजधानी उज्जैन थी। मध्य प्रदेश के पश्चिमी भाग में स्थित यह राज्य मौर्य साम्राज्य (चौथी से तीसरी शताब्दी ई.पू.) का अंग था, जो बाद में मालवा के नाम से जाना गया। मध्य प्रदेश के आधे पश्चिमी भूभाग में मिलनेवाली काली उपजाऊ मिट्टी के कारण भारत के विभिन्न भागों से प्रवासी इस क्षेत्र में आकर बसे। यहाँ आने के तीन प्रमुख मार्ग—पश्चिमी तट, दक्कन के पठार और उत्तर में श्रावस्ती से मालवा में आकर मिलते थे।

यह राज्य भारत का दूसरा सबसे विशाल राज्य है (राजस्थान के बाद), जो देश के कुल क्षेत्रफल के लगभग 10 प्रतिशत यानी 3,08,245 वर्ग कि.मी. से भी अधिक भूभाग में फैला हुआ है। नए राज्य छत्तीसगढ़ के निर्माण के लिए इसके उत्तरी जिलों को अलग करने के बाद मध्य प्रदेश की राजनीतिक सीमा का पुनर्निर्धारण वर्ष 2000 में किया गया। यह पश्चिमोत्तर में राजस्थान, उत्तर में उत्तर प्रदेश, पूर्वोत्तर में बिहार, पूर्व में छत्तीसगढ़, दक्षिण में महाराष्ट्र और पश्चिम में गुजरात राज्यों से घिरा हुआ है। जैसा कि इसके नाम से अर्थबोध होता है—मध्य का अर्थ 'केंद्र' और प्रदेश का अर्थ 'क्षेत्र' या 'राज्य'। यह भारत की हृदयस्थली है। राज्य में कोई तटरेखा और अंतरराष्ट्रीय सीमा नहीं है। इसकी राजधानी भोपाल है।

नर्मदा विभ्रंश के कगार इसे दक्षिण में दक्कन के पठार से अलग करते हैं। आद्य ऐतिहासिक काल में मानव-प्रवास के प्रमुख मार्ग उत्तर से दक्षिण की ओर इस प्रांत से होकर गुजरते थे, जिसने परवर्ती समय में व्यापारियों और साम्राज्य-निर्माताओं को आकर्षित किया। मध्य प्रदेश उत्तर में गंगा के मैदान और दक्षिण में दक्कन के पठार

के मध्य एक अंतर्वर्ती क्षेत्र में स्थित है। इसकी भौतिक विशेषता कम ऊँचे पहाड़ और नदी घाटियों द्वारा पृथक् ढलुआ और धीरे-धीरे ऊँचे उठते पठार हैं। इन पठारों के समूह का दक्षिणी छोर कगार भ्रंशों द्वारा सीमांकित है, जिन्हें पर्वत शृंखलाओं के रूप में इंगित किया जाता है।

मध्य प्रदेश में कुछ सर्वाधिक महत्त्वपूर्ण प्रायद्वीपीय नदियों का उद्‌गम होता है—नर्मदा, ताप्ती (तापी), महानदी और वेनगंगा (गोदावरी की सहायक नदी)। बहुत सी जलधाराएँ गंगा की सहायक नदियों के रूप में उत्तर की ओर बहती हैं। राजस्थान और उत्तर प्रदेश के साथ मिलकर चंबल राज्य की उत्तरी सीमा बनाता है तथा इसकी घाटी की भूमि अत्यधिक ऊबड़-खाबड़ है। अन्य नदियों में यमुना की सहायक नदियाँ—बनास, बेतवा व केन और सोन (गंगा की सहायक नदी) आती हैं।

मध्य प्रदेश की अर्थव्यवस्था का आधार कृषि है। लेकिन आधे से कम क्षेत्र कृषि योग्य है और भू-आकृति, वर्षा व मिट्टी में विविधता होने के कारण इसका वितरण काफी असमान है। कृषि योग्य प्रमुख क्षेत्र चंबल, मालवा के पठार और रेवा के पठार में मिलते हैं। नदी द्वारा बहाकर लाई गई जलोढ़ मिट्टी से ढकी नर्मदा घाटी एक अन्य उपजाऊ इलाका है। यहाँ भरपूर खनिज संपदा है। यहाँ कोयले की बड़ी खानें, लौह अयस्क, मैंगनीज, बॉक्साइट, चूना-पत्थर डोलोमाइट, ताँबा, अग्निसह्य मिट्टी और चीनी मिट्टी के महत्त्वपूर्ण भंडार हैं। पन्ना में स्थित हीरे की खानें विशेष महत्त्व रखती हैं।

यहाँ अनेक मंदिर, किले व गुफाएँ हैं, जिनमें क्षेत्र के पूर्व इतिहास और स्थानीय राजवंशों व राज्यों, दोनों के ऐतिहासिक अध्ययन की दृष्टि से रोमांचक प्रमाण मिलते हैं। यहाँ के प्रारंभिक स्मारकों में से एक सतना के पास भरहुत का स्तूप (लगभग 175 ई.पू.) है, जिसके अवशेष अब कोलकाता के राष्ट्रीय संग्रहालय में रखे हैं। ऐसे ही एक स्मारक, साँची के स्तूप (विदिशा से लगभग 13 किलोमीटर दक्षिण-पश्चिम में) को मूलत: 265 से 238 ई.पू. में सम्राट् अशोक ने बनवाया था। बाद में शुंग राजाओं ने इस स्तूप में और भी काम करवाया। बौद्ध विषयों पर आधारित सुसज्जित महू के समीप स्थित बाघ गुफाएँ विशेषकर उल्लेखनीय हैं। शृंगारिक कला के लिए विश्व भर में प्रसिद्ध खजुराहो के मंदिर राज्य के उत्तर में छतरपुर जिले में स्थित हैं। राज्य में हर साल कई जाने-माने सांस्कृतिक कार्यक्रम आयोजित होते हैं, जैसे उज्जैन का कालिदास समारोह, ग्वालियर का तानसेन समारोह और खजुराहो का नृत्य

महोत्सव, जिनमें भारत भर के कलाकार शामिल होते हैं। भोपाल में एक बेजोड़ सांस्कृतिक भवन 'भारत भवन' है, जो विभिन्न क्षेत्रों के कलाकारों के मिलन-स्थल का कार्य करता है।

प्रस्तुत कृति 'मध्य प्रदेश वस्तुनिष्ठ' को मध्य प्रदेश के तमाम इतिहास और अन्य वस्तुओं को ध्यान में रखते हुए तैयार किया गया है। वैसे तो प्रश्नों की संख्या काफी अधिक हो सकती थी, परंतु सीमाओं का भी ध्यान रखा गया। पाठकों, शोधार्थियों के लिए यह पुस्तक उपयोगी सिद्ध होगी, ऐसी कामना है।

—अनिल कुमार

अनुक्रम

1
मध्य प्रदेश : एक नजर में

1. मध्य प्रदेश का निर्माण राज्य पुनर्गठन आयोग की अनुशंसा पर कब हुआ था?
   (A) 1 नवंबर, 1956   (B) 15 अगस्त, 1947
   (C) 1 अप्रैल, 1956   (D) 26 जनवरी, 1956

2. मध्य प्रदेश की निम्नलिखित में से कौन सी स्थिति ठीक है?
   (A) 18° उत्तर से 26° उत्तर व 74° पूर्व से 84° पूर्व तक
   (B) 21°6' उत्तर से 26°-54' उत्तर व 74° से 82°47' पूर्व
   (C) 18° उत्तर से 26°-30' उत्तर व 74°-30' पूर्व से 84° पूर्व
   (D) 18°-30' उत्तर से 26°-30' उत्तर व 74° पूर्व से 84°-30' पूर्व

3. मध्य प्रदेश के प्रथम मुख्यमंत्री थे—
   (A) डॉ. बी. पट्टाभि सीतारमैया   (B) पं. रविशंकर शुक्ल
   (C) श्री कैलाश नाथ काटजू   (D) पं. द्वारिका प्रसाद मिश्र

4. भोपाल राज्य को मध्य प्रदेश में कब मिलाया गया था?
   (A) 1 नवंबर, 1956   (B) 28 फरवरी, 1968
   (C) 26 जनवरी, 1950   (D) 15 अगस्त, 1947

5. महाकालेश्वर मंदिर कहाँ स्थित है?
   (A) मंदसौर   (B) साँची
   (C) उज्जैन   (D) चंदेरी

6. मध्य प्रदेश में भोपाल एवं राजनांद गाँव जिलों का गठन किस तिथि को हुआ था?
   (A) 26 जनवरी, 1972   (B) 25 जनवरी, 1970

उत्तर के लिए कृपया पृष्ठ सं. 133 देखें।

(C) 26 जनवरी, 1970   (D) 15 अगस्त, 1971

7. मध्य प्रदेश में खुला (ओपन) विश्वविद्यालय कहाँ है?
(A) ग्वालियर   (B) भोपाल
(C) जबलपुर   (D) इंदौर

8. 1 नवंबर, 1956 को राजस्थान के कोटा जिले की किस तहसील को मध्य प्रदेश में सम्मिलित किया गया था?
(A) सिरोंज   (B) छबड़ा
(C) भौंरा   (D) रामगंज मंडी

9. मध्य प्रदेश की सबसे ऊँची चोटी धूपगढ़ कहाँ स्थित है?
(A) रीवा-पन्ना का पठार   (B) सतपुड़ा-मैकाल श्रेणी
(C) बुंदेलखंड का पठार   (D) मध्य उच्च प्रदेश

10. मध्य प्रदेश का क्षेत्रफल है—
(A) 4,43,967 वर्ग कि.मी.   (B) 4,43,446 वर्ग कि.मी.
(C) 3,02,772 वर्ग कि.मी.   (D) 3,08,245 वर्ग कि.मी.

11. मध्य प्रदेश में पंचायती राज कब प्रभावी हुआ?
(A) 2 नवंबर, 1985   (B) 2 नवंबर, 1980
(C) 2 अक्तूबर, 1980   (D) 2 अक्तूबर, 1985

12. विश्वविख्यात खजुराहो मंदिरों का निर्माण चंदेल राजाओं ने कब कराया था?
(A) 1486 से 1516 ई. के मध्य
(B) 1077 से 1089 ई. के मध्य
(C) 1001 से 1026 ई. के मध्य
(D) 950 से 1050 ई. के मध्य

13. स्वतंत्रता संग्राम सेनानी तात्या टोपे को मध्य प्रदेश के किस स्थान पर फाँसी दी गई थी?
(A) शिवपुरी   (B) विदिशा
(C) भिंड   (D) दतिया

14. राज्य का प्रथम सौर ऊर्जा ग्राम है—
(A) दगोह (भिंड)   (B) सबलगढ़ (मुरैना)
(C) शाहपुरा (मंडला)   (D) कस्तूरबा (इंदौर)

उत्तर के लिए कृपया पृष्ठ सं. 133 देखें।

15. भीमबेटका क्यों प्रसिद्ध है ?

    (A) शैल चित्रों के लिए

    (B) संगमरमर की चट्टानों के लिए

    (C) सुंदर दृश्यों के लिए

    (D) मंदिरों के लिए

16. जैनियों के 108 मंदिर निम्न में से किस स्थान पर हैं ?

    (A) रावत पुरा (भिंड)   (B) जौनिया (मुरैना)

    (C) सोनागिरि (दतिया)   (D) बालाजी (दतिया)

17. ओरछा किला किस जिले में स्थित है ?

    (A) दतिया   (B) छतरपुर

    (C) सागर   (D) टीकमगढ़

18. वर्तमान मध्य प्रदेश का क्षेत्रफल भारत के क्षेत्रफल का कितने प्रतिशत है ?

    (A) 20.38 प्रतिशत   (B) 19.38 प्रतिशत

    (C) 12.38 प्रतिशत   (D) 9.38 प्रतिशत

19. मध्य प्रदेश में जिला सरकार कब से प्रारंभ हुई ?

    (A) 1 जून, 2000   (B) 1 मई, 2000

    (C) 1 अप्रैल, 2000   (D) 1 अप्रैल, 1999

20. मध्य प्रदेश में पीतांबरा पीठ नामक शक्ति पीठ किस जगह है ?

    (A) उज्जैन   (B) ग्वालियर

    (C) दतिया   (D) साँची

21. मध्य प्रदेश में जिप्सम कहाँ पाया जाता है ?

    (A) शिवपुरी   (B) रीवा

    (C) ग्वालियर   (D) इंदौर

22. 'मध्य प्रदेश उत्सव' का आयोजन कहाँ होता है ?

    (A) दिल्ली   (B) ग्वालियर

    (C) भोपाल   (D) उपर्युक्त में से कोई नहीं

23. पटलिया किस जनजाति की उपजाति है ?

    (A) कोरकू   (B) भील

    (C) बैगा   (D) गोंड

24. सबसे कम जनसंख्या वाला जिला है—

उत्तर के लिए कृपया पृष्ठ सं. 133 देखें।

(A) हरदा (B) श्योपुरी

(C) डिंडोरी (D) उमरिया

25. मध्य प्रदेश में निम्नलिखित में से किसे हिल स्टेशन के रूप में जाना जाता है ?

(A) पचमढ़ी (B) सीहोर

(C) इंदौर (D) अमरकंटक

26. निम्नांकित महल तथा उनकी स्थिति से संबंधित गलत जोड़ा बताइए—

(A) गूजरी महल—ग्वालियर (B) खरबूजा महल—चंदेरी

(C) मदन महल—जबलपुर (D) बादल महल—रायसेन

27. मध्य प्रदेश का सबसे बड़ा रेलवे जंक्शन है—

(A) इटारसी (B) भोपाल

(C) ग्वालियर (D) बीना

28. मध्य प्रदेश का सबसे बड़ा चीनी कारखाना बारलोई किस जिले में है ?

(A) सीहोर (B) मुरैना

(C) उज्जैन (D) मंदसौर

29. मुक्ता परियोजना किस जिले में है ?

(A) खंडवा (B) बैतूल

(C) रायसेन (D) छतरपुर

30. शीतकाल में मध्य प्रदेश का सबसे ठंडा स्थान निम्नलिखित में से कौन सा है ?

(A) ग्वालियर (B) जबलपुर

(C) पचमढ़ी (D) भोपाल

31. ग्रीष्मकाल में मध्य प्रदेश का सर्वाधिक गरम स्थान निम्नलिखित से कौन सा है ?

(A) जबलपुर (B) नीमच

(C) सतना (D) ग्वालियर

32. जलोढ़ मिट्टी का मध्य प्रदेश में कौन सा क्षेत्र है ?

(A) पूर्वी बघेलखंड क्षेत्र

(B) रीवा-पन्ना पठार

(C) मालवा का पठार

उत्तर के लिए कृपया पृष्ठ सं. 133 देखें।

(D) मध्य प्रदेश का उत्तरी-पश्चिमी भाग

33. मध्य प्रदेश का सर्वाधिक उत्पादक क्षेत्र है—
   (A) मालवा
   (B) नर्मदा घाटी
   (C) बस्तर का पठार
   (D) बुंदेलखंड

34. नवगठित मध्य प्रदेश के प्रथम मुख्यमंत्री थे—
   (A) पं. द्वारिका प्रसाद शुक्ल
   (B) कैलाश नाथ काटजू
   (C) डॉ. शंकर दयाल शर्मा
   (D) पं. रविशंकर शुक्ल

35. राज्य पुनर्गठन आयोग के अध्यक्ष थे—
   (A) पं. हृदयनाथ कुँजरू
   (B) डॉ. के.एम. पनिकर
   (C) डॉ. हिदायतुल्ला
   (D) डॉ. फजल अली

36. कर्क रेखा के उत्तर में मध्य प्रदेश का कौन सा नगर है?
   (A) रतलाम
   (B) भोपाल
   (C) इंदौर
   (D) रीवा

37. मध्य प्रदेश में तेंदु पत्ता सर्वाधिक निम्नलिखित में से किस उद्योग में प्रयुक्त होता है?
   (A) चमड़ा रंगने का उद्योग
   (B) लाख उद्योग
   (C) बीड़ी उद्योग
   (D) गोंद उद्योग

38. मध्य प्रदेश में सर्वप्रथम कौन सा राष्ट्रीय उद्यान स्थापित किया गया था?
   (A) संजय राष्ट्रीय उद्यान
   (B) बाँधवगढ़ राष्ट्रीय उद्यान
   (C) माधव राष्ट्रीय उद्यान
   (D) कान्हा-किसली राष्ट्रीय उद्यान

39. राजघाट बाँध किस नदी पर बना है?
   (A) बेतवा
   (B) बारना
   (C) नर्मदा
   (D) चंबल

40. एक जनजाति में मामा/बुआ की लड़की से विवाह करना सर्वोत्तम माना जाता है, जिसे वे 'दूध लौटाना' कहते हैं। यह प्रथा निम्नलिखित में से किस जनजाति में है?
   (A) गोंड
   (B) सहरिया
   (C) भील
   (D) बैगा

उत्तर के लिए कृपया पृष्ठ सं. 133 देखें।

41. 'उथली गहरी यादें' नामक पुस्तक किसने लिखी?
    (A) बालकवि बैरागी   (B) मनहर चौहान
    (C) प्रभाकर माचवे   (D) शंकर बाय

42. महाकवि कालिदास किसके राजदरबार के नौ रत्नों में से एक थे?
    (A) विक्रमादित्य   (B) हर्षवर्धन
    (C) अकबर   (D) इनमें से कोई नहीं

43. 'कुमारसंभव' काव्य ग्रंथ किसने लिखा है?
    (A) कालिदास   (B) भवभूति
    (C) भर्तृहरि   (D) बाणभट्ट

44. 'भारत का शेक्सपियर' किसे कहा जाता है?
    (A) भवभूति   (B) भर्तृहरि
    (C) बाणभट्ट   (D) कालिदास

45. 'हर्षचरित' में हर्ष की जीवनी का वर्णन है, यह ग्रंथ किसने लिखा?
    (A) बाणभट्ट   (B) कालिदास
    (C) केशवदास   (D) भवभूति

46. 'दिनकर की उर्वशी' नामक कृति किसकी है?
    (A) केशवदास
    (B) गजानन माधव 'मुक्तिबोध'
    (C) भूषण
    (D) पद्माकर

47. निम्नलिखित कवि तथा उनकी कृति से संबंधित गलत जोड़ा बताइए—
    (A) कालिदास—कादंबरी   (B) बाणभट्ट—हर्षचरित
    (C) भर्तृहरि—महाकाव्य   (D) भवभूति—महावीर चरित

48. मध्य प्रदेश के वर्तमान लोकायुक्त (2011-12) कौन हैं?
    (A) न्यायमूर्ति खालिद चौधरी
    (B) न्यायमूर्ति आर.वी. रविंद्रन
    (C) न्यायमूर्ति गुलाम मोहम्मद शेख
    (D) न्यायमूर्ति प्रकाश प्रभाकर नाओलकर

49. मध्य प्रदेश के ग्वालियर जिले की भांडेर तहसील को किस जिले में मिलाया गया है?

उत्तर के लिए कृपया पृष्ठ सं. 133 व 134 देखें।

(A) दतिया   (B) शिवपुरी

(C) भिंड   (D) इनमें से कोई नहीं

50. मध्य प्रदेश का नया विधानसभा भवन किस नाम से जाना जाता है ?

(A) इंदिरा गांधी विधानसभा भवन

(B) अशोक भवन

(C) मध्य प्रदेश विधानसभा भवन

(D) राजीव गांधी विधानसभा भवन

51. मध्य प्रदेश में वित्त निगम का मुख्यालय कहाँ पर है ?

(A) इंदौर   (B) ग्वालियर

(C) मंदसौर   (D) भोपाल

52. चंदेरी क्यों प्रसिद्ध है ?

(A) राष्ट्रीय पार्क के लिए   (B) साड़ियों के लिए

(C) उत्कृष्ट कला के लिए   (D) शिवालय के लिए

53. हलाली नहर किस नदी से निकाली गई है ?

(A) तवा   (B) नर्मदा

(C) चंबल   (D) बेतवा

54. ग्वालियर किले का निर्माण राजा सूरजसेन ने प्रसिद्ध ऋषि गालव की स्मृति में कराया था। इस किले से राजा मानसिंह तोमर का भी संबंध था। उन्होंने निर्माण कराया था—

(A) मान मंदिर   (B) सास-बहू का मंदिर

(C) तेली का मंदिर   (D) इनमें से कोई नहीं

55. सहरिया जनजाति किस संभाग में है ?

(A) चंबल   (B) इंदौर

(C) भोपाल   (D) उज्जैन

56. ताप्ती नदी का उद्गम स्थल निम्नलिखित में से कौन सा है ?

(A) मुल्ताई   (B) जानापाव

(C) अमरकंटक   (D) राजपीपला

57. मध्य प्रदेश की निम्नलिखित नदियों में से कौन सी नदी उत्तर से दक्षिण को बहती है ?

(A) केन   (B) काली नदी

उत्तर के लिए कृपया पृष्ठ सं. 134 देखें।

(C) चंबल   (D) इनमें से कोई नहीं

58. निम्नलिखित में से कौन सा नगर नर्मदा नदी के किनारे नहीं बसा है ?

     (A) बुरहानपुर   (B) मंडला

     (C) नरसिंहपुर   (D) होशंगाबाद

59. निम्नलिखित में से कौन सा नगर चंबल नदी के किनारे बसा है ?

     (A) रतलाम   (B) भिंड

     (C) मुरैना   (D) मऊ

60. मध्य प्रदेश में सर्वाधिक हीरा कहाँ उत्खनित किया जाता है ?

     (A) सलीमाबाद   (B) उमरिया

     (C) अंगोर   (D) मझगवाँ

☐

उत्तर के लिए कृपया पृष्ठ सं. 134 देखें।

2
प्राचीन मध्य प्रदेश

61. भू-वैज्ञानिक दृष्टि से मध्य प्रदेश किस प्राचीनतम भूखंड का भाग है ?
    (A) भीम बेटक   (B) मंदसौर
    (C) होशंगाबाद   (D) गोंडवाना

62. मध्य प्रदेश का भूखंड किस कल्प का निर्मित है ?
    (A) आद्य महाकल्प शैल   (B) नरसिंहगढ़
    (C) रायसेन   (D) आदमगढ़

63. मध्य प्रदेश में की गई खुदाई और खोजों से किस सभ्यता के अवशेष मिले हैं ?
    (A) हड़प्पा   (B) मोहनजोदड़ो
    (C) प्रागैतिहासिक   (D) नदी सभ्यता

64. प्रागैतिहासिक काल में मध्य प्रदेश की आदिम जातियाँ शिकार हेतु किन हथियारों का प्रयोग करती थीं ?
    (A) तलवार   (B) भाला
    (C) धनुष-बाण   (D) नुकीले पत्थर और हड्डियाँ

65. मांधाता नगरी (वर्तमान ओंकारेश्वर) की स्थापना किस राजा ने की थी ?
    (A) राजा मुचकुंद   (B) राजा महिष्मत
    (C) बिंदुसार   (D) अशोक

66. हैहय राजा महिष्मत ने किस नगर की स्थापना की थी ?
    (A) विदिशा   (B) महिष्मती नगरी
    (C) साँची   (D) भरहुत

उत्तर के लिए कृपया पृष्ठ सं. 134 देखें।

67. श्रीराम के छोटे भाई शत्रुघ्न का पुत्र मध्य प्रदेश के किस राज्य का राजा था?
(A) उज्जयिनी (B) विराट पुरी
(C) कुंतलपुर (D) विदिशा

68. सम्राट् बिंदुसार ने अशोक को किस राज्य का राज्यपाल नियुक्त किया था?
(A) कसराबाद (B) साँची
(C) भरहुत (D) विदिशा

69. अशोक ने विदिशा के श्रेष्ठी की किस पुत्री से विवाह किया था?
(A) श्रीदेवी (B) शकुंतला
(C) रेवा (D) उपर्युक्त में से कोई नहीं

70. अशोक ने किन स्थानों पर स्तूपों का निर्माण नहीं कराया?
(A) भरहुत (सतना) (B) साँची (रायसेन)
(C) उज्जयिनी (D) विदिशा

71. मौर्य वंश के बाद विदिशा पर किस वंश का शासन हुआ था?
(A) शुंग (B) गुप्त
(C) इक्ष्वाकु (D) ह्वेनसांग

72. सम्राट् अशोक ने मध्य प्रदेश में किस स्थान पर स्तंभ स्थापित नहीं कराए थे?
(A) रूपनाथ (B) बेसनगर
(C) पवाया (D) कसराबाद

73. गुप्त वंश के किस राजा ने उज्जयिनी को अपनी राजधानी बनाया था?
(A) महिष्मत (B) मुचकुंद
(C) मांधाता (D) चंद्रगुप्त विक्रमादित्य

74. महाकालेश्वर का मंदिर कहाँ स्थित है?
(A) मंदसौर (B) उज्जैन
(C) चंदेरी (D) साँची

75. महाराजा छत्रसाल की मृत्यु के बाद मध्य प्रदेश कितनी रियासतों में बँट गया था?
(A) 6 (B) 7
(C) 8 (D) 9

76. पेशवा बाजीराव ने अपने सरदार सिंधिया को कौन सा क्षेत्र प्रदान किया

उत्तर के लिए कृपया पृष्ठ सं. 134 देखें।

था?

(A) झाँसी से ग्वालियर   (B) बुरहानपुर से ग्वालियर
(C) इंदौर से नागपुर   (D) उपर्युक्त में से कोई नहीं

77. सिंधिया ने कहाँ राज्य स्थापित किया था?
(A) नागोद   (B) ग्वालियर
(C) इंदौर   (D) विजावर

78. होल्कर ने अपना राज्य कहाँ स्थापित किया था?
(A) ग्वालियर   (B) नागपुर
(C) इंदौर   (D) इनमें से कोई नहीं

79. भोसले का राज्य कहाँ स्थापित था?
(A) नागपुर   (B) ग्वालियर
(C) इंदौर   (D) इनमें से कोई नहीं

80. मध्य प्रदेश में खजुराहो के विश्वविख्यात मंदिरों का निर्माण किस वंश के राजाओं ने कराया था?
(A) परमार   (B) कलचुरिया
(C) मालवा   (D) चंदेल

81. बाबर ने मध्य प्रदेश के किन-किन क्षेत्रों को अपने अधिकार में कर लिया था?
(A) मालवा   (B) विंध्य
(C) महाकौशल   (D) इनमें से कोई नहीं

82. किसको हराकर मध्य प्रदेश मुगल साम्राज्य का अंग बना?
(A) पेशवा बाजीराव   (B) हर्षवर्धन
(C) रानी दुर्गावती   (D) इनमें से कोई नहीं

83. मध्य प्रदेश में गोंड वंश का अंतिम शासक कौन था?
(A) छत्रसाल   (B) नाहर शाह
(C) नरहरि शाह   (D) इनमें से कोई नहीं

84. गढ़ मंडल का शासक कौन था?
(A) नरहरि शाह   (B) छत्रसाल
(C) नाहर शाह   (D) इनमें से कोई नहीं

85. पेशवा बाजीराव ने हैदराबाद के निजाम को कब परास्त किया था?

उत्तर के लिए कृपया पृष्ठ सं. 134 देखें।

(A) 1842 ई.   (B) 1857 ई.

(C) 1818 ई.   (D) 1737 ई.

86. सर्वाधिक अफीम उत्पादन करनेवाला मध्य प्रदेश में कौन सा जिला है?

(A) मंदसौर   (B) खरगौन

(C) खंडवा   (D) उज्जैन

87. मध्य प्रदेश में भैरवगढ़ के कलात्मक वस्त्र छपाई का निम्नलिखित में से कौन सा जिला है?

(A) उज्जैन   (B) बालाघाट

(C) इंदौर   (D) मुरैना

88. मध्य प्रदेश के किस नगर का प्राचीन नाम अवंति था?

(A) दतिया   (B) विदिशा

(C) उज्जैन   (D) इंदौर

89. नर्मदा नदी का उद्गम स्थल है—

(A) पचमढ़ी   (B) जबलपुर

(C) सिहावा   (D) अमरकंटक

90. 'भागोरिया नृत्य' किस जिले के आदिवासियों का है?

(A) देवास   (B) नीमच

(C) खंडवा   (D) झाबुआ

91. मध्य प्रदेश के निम्नलिखित में से किस जिले में ब्रजभाषा नहीं बोली जाती है?

(A) भिंड   (B) दतिया

(C) ग्वालियर   (D) मुरैना

92. मध्य प्रदेश के निम्नलिखित में से किस साहित्यकार को लोकसभा में सर्वाधिक बैठने का अवसर मिला था?

(A) सेठ गोविंद दास   (B) माखनलाल चतुर्वेदी

(C) बालकवि बैरागी   (D) द्वारिका प्रसाद मिश्र

93. मध्य प्रदेश का मोहद गाँव (नरसिंहपुर जिला) क्यों चर्चित रहा?

(A) सवर्णों-हरिजनों के मध्य तनाव के कारण

(B) प्रधानमंत्री के दौरे के कारण

उत्तर के लिए कृपया पृष्ठ सं. 134 देखें।

(C) सती घटना के कारण

(D) यहाँ के सभी व्यक्तियों द्वारा संस्कृत में बातचीत करने के कारण

94. 'करमा नृत्य' किस जाति से संबंधित है?
(A) कोल
(B) मारिया
(C) गोंड
(D) भील

95. मध्य प्रदेश की सर्वाधिक बड़ी अनुसूचित जनजाति कौन सी है?
(A) सहरिया
(B) कोल
(C) गोंड
(D) भील

96. खजुराहो किस जिले में है?
(A) सतना
(B) छिंदवाड़ा
(C) छतरपुर
(D) टीकमगढ़

97. रानी लक्ष्मीबाई की समाधि किस नगर में बनी हुई है?
(A) शिवपुरी
(B) इंदौर
(C) झाँसी
(D) ग्वालियर

98. मध्य प्रदेश में वह कौन सा स्थान है जहाँ ब्रह्मा, विष्णु और महेश ने बाल अवतार लिया था?
(A) चित्रकूट
(B) ओंकारेश्वर
(C) महेश्वर
(D) अमरकंटक

99. निम्नलिखित का सही मेल कराएँ—
1. तानसेन का मकबरा (A) विदिशा
2. साँची का स्तूप (B) ग्वालियर
3. महाकालेश्वर (C) खंडवा
4. ओंकारेश्वर (D) उज्जैन

	(A)	(B)	(C)	(D)
(A)	1	2	3	4
(B)	4	3	2	1
(C)	2	1	4	3
(D)	1	4	2	3

100. निम्नलिखित में से कौन सा स्थान सम्राट् अशोक से संबंधित है?
(A) बावनगजा
(B) मोतीमहल

उत्तर के लिए कृपया पृष्ठ सं. 134 व 135 देखें।

(C) साँची (D) भर्तृहरि गुफाएँ

101. विजयाराजे सिंधिया का देहावसान कब हुआ?
(A) 25 जनवरी, 2001 (B) 26 जनवरी, 2001
(C) 27 जनवरी, 2001 (D) 23 जनवरी, 2001

102. विख्यात 'गूजरी महल' कहाँ स्थित है?
(A) शिवपुरी (B) दतिया
(C) ग्वालियर (D) इंदौर

103. मध्य प्रदेश में किस स्थान पर 'जागेश्वरी देवी का मेला' आयोजित होता है?
(A) भांडेर (ग्वालियर) (B) घोघरा (सीधी)
(C) पोरसा (मुरैना) (D) चंदेरी (गुना)

104. अशरफी महल कहाँ स्थित है?
(A) रायसेन (B) मांडू
(C) चंदेरी (D) ओरछा

105. निम्नांकित महल तथा उनकी स्थिति से संबंधित गलत जोड़ा बताइए—
(A) दाई का महल—मंडला
(B) बादल महल—रायसेन
(C) खरबूजा महल—धार
(D) जय विलास—ग्वालियर

106. महाराजा विक्रमादित्य की राजधानी निम्नलिखित में से कहाँ स्थित थी?
(A) ग्वालियर (B) धार
(C) भोपाल (D) उज्जैन

107. सहरिया जनजाति किस संभाग में है?
(A) भोपाल (B) उज्जैन
(C) चंबल (D) इंदौर

108. राजा मानसिंह ने किसका निर्माण कराया था?
(A) सास-बहू का मंदिर (B) मान मंदिर
(C) तेली का मंदिर (D) इनमें से कोई नहीं

109. प्रसिद्ध संगीतज्ञ तानसेन का मकबरा कहाँ स्थित है?
(A) भोपाल (B) मंदसौर
(C) फतेहपुरी सीकरी (D) ग्वालियर

उत्तर के लिए कृपया पृष्ठ सं. 135 देखें।

110. खजुराहो के मंदिरों की संख्या कितनी है?

    (A) 25   (B) 27

    (C) 21   (D) 28

111. रायसेन दुर्ग का निर्माण किसने करवाया था?

    (A) अकबर ने   (B) हर्षवर्धन ने

    (C) विक्रमादित्य ने   (D) राजा राजबसंती ने

112. धार के किले का निर्माण किसने करवाया था?

    (A) मोहम्मद तुगलक   (B) अकबर

    (C) शाहजहाँ   (D) जहाँगीर

113. गिन्नौरगढ़ के किले का निर्माण किसने करवाया था?

    (A) केशवदास   (B) राजा आसा

    (C) अवंति वर्मन   (D) उदय वर्मन

114. मुंज परमार वंश के नरेश का क्षेत्र था—

    (A) गोंडवाना   (B) ग्वालियर

    (C) विदिशा   (D) धार

115. पटलिया किस जनजाति की उपजाति है?

    (A) गोंड   (B) बैगा

    (C) कोरकू   (D) भील

116. मध्य प्रदेश के किस स्थान पर फासिल राष्ट्रीय उद्यान है?

    (A) मंडला में   (B) विदिशा में

    (C) दतिया में   (D) भिंड में

117. किस वंश ने ओरछा को बुंदेलखंड की राजधानी बनाया था?

    (A) सिंधिया   (B) मुगल

    (C) चंदेला   (D) बुंदेला

118. मध्य प्रदेश के किस जिले में असीरगढ़ का किला स्थित है?

    (A) पन्ना   (B) धार

    (C) खंडवा   (D) बैतूल

119. सोनागिर के प्रसिद्ध जैन मंदिर मध्य प्रदेश के किस जिले में स्थित हैं?

    (A) ग्वालियर   (B) दतिया

    (C) टीकमगढ़   (D) केन

उत्तर के लिए कृपया पृष्ठ सं. 135 देखें।

120. बाण सागर बाँध का निर्माण किस नदी पर हुआ था?
(A) सोन (B) इंद्रावती
(C) टीकमगढ़ (D) शिवपुरी

121. मध्य प्रदेश में किस स्थान पर दो किलोमीटर के अंदर दो प्रमुख नदियों का उद्‌गम है?
(A) नगरी (B) भेड़ाघाट
(C) अमरकंटक (D) महू

122. आदिम जनजाति कोरकू मध्य प्रदेश के किन जिलों में मुख्यतः पाई जाती है?
(A) उत्तर-पूर्वी (B) पूर्वी जिले
(C) उत्तर-पश्चिम (D) दक्षिण

123. किस जिले में सतपुड़ा पर्वत श्रृंखला नहीं है?
(A) बिलासपुर (B) छिंदवाड़ा
(C) बैतूल (D) खंडवा

124. भरहुत स्तूप किस जगह पर स्थित था?
(A) विदिशा (B) छतरपुर
(C) सीधी (D) सतना

125. मध्य प्रदेश में प्रागैतिहासिक शैल चित्र कहाँ पाए जाते हैं?
(A) उदयगिरि (B) बाघ की गुफाएँ
(C) भीमबेटका (D) सोनागिर

126. निम्नलिखित दर्शनीय स्थलों को सुमेलित कीजिए—
1. प्रागैतिहासिक शैल चित्र (A) उदयगिरि गुफाएँ
2. शिलाओं को उत्खनित कर गढ़ी मूर्तियाँ, स्तंभ आदि। (B) भीमबेटका
3. राम कथा से जुड़ा तीर्थस्थल (C) बाँधवगढ़
4. राष्ट्रीय उद्यान (D) चित्रकूट

कूट :

	(A)	(B)	(C)	(D)
(A)	3	4	3	4
(B)	1	3	2	1
(C)	4	2	1	2

उत्तर के लिए कृपया पृष्ठ सं. 135 देखें।

(D) 2 1 4 3

127. अबूझमाड़ क्षेत्र किस जिले में स्थित है?
(A) बस्तर (B) दुर्ग
(C) सरगुजा (D) रायपुर

128. साँची के स्तूप का निर्माण किसने करवाया था?
(A) गौतम बुद्ध (B) अशोक
(C) कौटिल्य (D) चंद्रगुप्त

129. ऐसा पर्यटन स्थल, जो अपने मंदिरों के लिए प्रसिद्ध है?
(A) खजुराहो (B) मांडू
(C) दंतेवाड़ा (D) मैहर

130. ओरछा को बुंदेलखंड की राजधानी किस वंश ने बनाया था?
(A) चंदेला (B) बुंदेला
(C) सिंधिया (D) मुगल

131. मध्य प्रदेश के किस जिले में असीरगढ़ का किला स्थित है?
(A) खंडवा (B) बैतूल
(C) पन्ना (D) धार

132. मध्य प्रदेश के किस जिले में सोनागिर के प्रसिद्ध जैन मंदिर स्थित हैं?
(A) दतिया (B) ग्वालियर
(C) टीकमगढ़ (D) शिवपुरी

133. बाणसागर बाँध का निर्माण किस नदी पर हुआ था?
(A) इंद्रावती (B) सोन
(C) केन (D) नर्मदा

134. कौन सा राजवंश मध्य प्रदेश से संबंधित है?
(A) काकातीय (B) चालुक्य
(C) प्रतिहार (D) कलचुरी

135. कौन सा लोकनृत्य मध्य प्रदेश का नहीं है?
(A) राई (B) भगौरिया
(C) बीहू (D) कर्मा

136. किस गायक का जन्म मध्य प्रदेश में नहीं हुआ?
(A) लता मंगेशकर (B) उस्ताद हाफिज अली खाँ

उत्तर के लिए कृपया पृष्ठ सं. 135 देखें।

(C) उस्ताद अलाउद्दीन खाँ   (D) तानसेन

137. नर्मदा नदी का उद्गम स्थल कहाँ है?

(A) जबलपुर   (B) बिलासपुर

(C) मंडला   (D) अमरकंटक

138. सुमेलित कीजिए—

1. पहाड़ी कोरबा   (A) मंडला

2. बैगा   (B) जशपुर

3. मारिया   (C) ग्वालियर

4. सहरिया   (D) पातालकोट (छिंदवाड़ा)

कूट :

	(A)	(B)	(C)	(D)
(A)	2	1	4	3
(B)	4	3	2	1
(C)	3	2	1	4
(D)	1	4	3	2

139. भगौरिया हाट का संबंध किससे है?

(A) झाबुआ   (B) रायगढ़

(C) अबूझमाड़   (D) डिंडोरी तहसील

140. चंदेल राजाओं ने निर्माण किया—

(A) उज्जैन   (B) खुजराहो

(C) साँची   (D) ग्वालियर

141. घोटुल प्रथा क्या है?

(A) सामूहिक नृत्य   (B) जन्म से संबंधित रस्म

(C) संयुक्त आवास, जिसमें लड़के लड़कियाँ साथ रहते हों।

(D) उपर्युक्त में से कोई नहीं

142. अजंता सरीखी गुफाएँ मध्य प्रदेश में कहाँ हैं?

(A) उदयगिरि (विदिशा)   (B) मांडू

(C) बाघ (धार)   (D) इनमें से कोई नहीं

143. सन् 1942 में छत्तीसगढ़ का एक समाचार-पत्र अंग्रेजों का कोपभाजन बना था—

(A) हिंदसत   (B) महाकौशल

उत्तर के लिए कृपया पृष्ठ सं. 135 देखें।

(C) लोकस्वर (D) अग्रदूत

144. भारतीय राष्ट्रीय कांग्रेस के त्रिपुरी सम्मेलन में वर्ष 1939 में सुभाषचंद्र बोस को कांग्रेस का अध्यक्ष चुना गया था। यह त्रिपुरी कहाँ स्थित है?

(A) अहमदाबाद (B) जबलपुर
(C) पुणे (D) कलकत्ता

145. मध्य प्रदेश का पहला समाचार-पत्र 150 वर्ष पहले प्रकाशित हुआ था। उस अखबार का नाम था—

(A) नई दुनिया (B) मालवा अखबार
(C) अखबार ग्वालियर (D) नवभारत

146. 'बूढ़ा देव' मध्य प्रदेश की किस जनजाति के प्रमुख देवता हैं?

(A) बैगा (B) भील
(C) मिलाला (D) कोल

147. किस नदी का उद्गम स्थल बैतूल में है?

(A) चंबल (B) नर्मदा
(C) बेतवा (D) ताप्ती

148. मध्य प्रदेश में 'अवंति' किसे कहा जाता है?

(A) उज्जैन (B) विदिशा
(C) धार (D) इंदौर

149. भीमबेटका किला किसके लिए प्रसिद्ध है?

(A) खनिज (B) गुफाओं के शैलचित्र
(C) सोन नदी का उद्गम स्थल (D) बौद्ध प्रतिमाएँ

150. निम्नलिखित में से कौन सी जनजाति मध्य प्रदेश में है?

(A) भील (B) संथाल
(C) हो (D) जरावा

151. ग्वालियर राज्य की स्थापना किसने की थी?

(A) जीवाजी राव सिंधिया (B) महादजी सिंधिया
(C) बाजीराव सिंधिया (D) माधवराव सिंधिया

152. खजुराहो के मंदिर बनानेवाले कौन से परिवार के राजा थे?

(A) मौर्य (B) गुप्त
(C) चंदेल (D) रौहेल्ला

उत्तर के लिए कृपया पृष्ठ सं. 135 व 136 देखें।

153. निम्नलिखित में से कौन सा नाटक कालिदास ने नहीं लिखा था?

    (A) जानकीहरण   (B) कुमारसंभव

    (C) अभिज्ञान शाकुंतलम   (D) मालविकाग्निमित्र

154. निम्नलिखित में कौन सा विश्व धरोहर स्थल नहीं है?

    (A) मांडू का महल   (B) साँची का स्तूप

    (C) भीमबेटका की गुफाएँ   (D) खजुराहो के मंदिर

155. सही जोड़े बनाइए तथा नीचे दिए गए कूट से सही उत्तर चुनिए—

सूची-I	सूची-II
1. भोज	(A) उज्जैन
2. दुर्गावती	(B) विदिशा
3. समुद्रगुप्त	(C) धार
4. अशोक	(D) गोंडवाना

कूट :

	(A)	(B)	(C)	(D)
(A)	4	3	2	1
(B)	3	4	1	2
(C)	4	3	1	2
(D)	3	4	2	1

156. राजस्थान के कोटा जिले की किस तहसील को एक नवंबर 1950 को मध्य प्रदेश में सम्मिलित किया गया था?

    (A) सिरोंज   (B) छबड़ा

    (C) रामगंज मंडी   (D) भौंरा

157. राजा मानसिंह तोमर द्वारा अपनी प्रेमिका मृगनयनी के लिए ग्वालियर में बनवाया गया महल निम्नलिखित में से किस नाम से पुकारा जाता है?

    (A) मृगनयनी महल   (B) गुजरी महल

    (C) हवा महल   (D) ताजमहल

158. अहिल्याबाई ने निम्नलिखित में से किस नगर को अपनी राजधानी बनाया?

    (A) ग्वालियर   (B) बैतूल

    (C) इंदौर   (D) देवास

159. प्रसिद्ध उपन्यासकार वृंदावन लाल वर्मा ने अपने उपन्यास 'मृगनयनी' में किस राजा का चित्रण किया?

उत्तर के लिए कृपया पृष्ठ सं. 136 देखें।

(A) राजा छत्रसाल   (B) बाज बहादुर

(C) राजा मानसिंह तोमर   (D) माधव राव सिंधिया

160. मंदसौर मध्य प्रदेश का प्राचीन एवं धार्मिक नगर है। इसका प्राचीन नाम है—

(A) मांधाता   (B) महिष्मती

(C) दशपुर   (D) अवंति

161. अवंतिका मध्य प्रदेश के किस नगर का प्राचीन नाम है ?

(A) मांडू   (B) धार

(C) उज्जैन   (D) शिवपुरी

162. भोपाल नगर की स्थापना किसने की ?

(A) राजा भोज   (B) अशोक

(C) राजा कनिष्क   (D) इनमें से कोई नहीं

163. प्राचीनकाल में किस राज्य की राजधानी उज्जैन थी ?

(A) पीथमपुर   (B) कौशांबी

(C) कौशल   (D) अवंति

164. विदिशा में हेलियोडोट्स का स्तंभ किस देवता के निमित्त बनाया गया था ?

(A) वरुण   (B) शिव

(C) राम   (D) वासुदेव

165. मध्य प्रदेश में सतनामी समाज की स्थापना किसके द्वारा की गई ?

(A) महंत घासीदास   (B) महंत लक्ष्मी नारायण दास

(C) नामदेव उसाल   (D) राजा दाल

166. रानी दुर्गावती का किला कहाँ है ?

(A) छिंदवाड़ा   (B) राजगढ़

(C) मंडला   (D) गुना

167. भगोरिया किस जिले के आदिवासियों का पर्व है ?

(A) मंदसौर   (B) बालाघाट

(C) मंडला   (D) झाबुआ

168. निम्नलिखित में से कौन सी इमारत का निर्माण सम्राट् अशोक के राज्यकाल में हुआ ?

(A) साँची का स्तूप   (B) भोजपुर का शिव मंदिर

उत्तर के लिए कृपया पृष्ठ सं. 136 देखें।

(C) ग्वालियर का किला (D) खजुराहो का मंदिर

169. बुंदेलखंड के पठार में वीर सिंह जूदेव द्वारा बनवाया गया 'सतखंड महल' कहाँ स्थित है ?

(A) रीवा (B) पन्ना

(C) दतिया (D) मुरैना

170. बुंदेलखंड के पठार में शिशुपाल की राजधानी चंदेरी किस नदी तट पर स्थित थी ?

(A) ताप्ती (B) बेतवा

(C) गोदावरी (D) नर्मदा

171. मध्य प्रदेश में जैनियों का धार्मिक तीर्थस्थान कौन सा है ?

(A) अमरकंटक (B) दुर्ग

(C) सीधा (D) बावनगजा

172. सन् 1923 में 'झंडा सत्याग्रह' किस शहर से शुरू हुआ था ?

(A) उज्जैन (B) भोपाल

(C) इंदौर (D) जबलपुर

173. 'गोल घघेड़ा उत्सव' किस जनजाति में मनाया जाता है ?

(A) केरल (B) मडिया

(C) झौंड़ (D) भील

174. मध्य प्रदेश में आर्यों का आगमन निम्नलिखित के नेतृत्व में हुआ था—

(A) जाबालि (B) भृगु

(C) विश्वामित्र (D) महर्षि अगस्त्य

175. मध्य प्रदेश के इस पर्यटन स्थल की खोज एक ब्रिटिश कैप्टन ने की थी—

(A) कान्हा (B) लेकव्यू ड्राइव, भोपाल

(C) शिवपुरी (D) पचमढ़ी

176. मध्य प्रदेश के प्राचीन जिले व इनके वर्तमान नामों से संबंधित असत्य जोड़ा है—

(A) चंदी-गुना (B) त्रिपुरी-जबलपुर

(C) अनूप-निमाड़ (D) वास-ग्वालियर

177. निम्नलिखित में से कौन सी राजा भोज की कृति नहीं है ?

(A) चरक संहिता (B) विद्या विनोद

उत्तर के लिए कृपया पृष्ठ सं. 136 देखें।

(C) समरांग सूत्रधार (D) सरस्वती कंठभरण

178. हर्ष की मृत्यु के बाद मध्य प्रदेश अनेक छोटे-छोटे राज्यों में विभक्त हो गया था। उस समय जिन क्षेत्रों पर जिन वंशों को राज्य था, उनके अनुसार निम्नलिखित में से कौन सा युग्म सही नहीं है?

(A) भोपाल-मराठा (B) महाकौशल-कलचुरी

(C) विंध्य प्रदेश-चंदेल (D) मालवा-परमार

179. उदय प्रशस्ति से किसकी उपलब्धियों का ज्ञान होता है?

(A) यशोवर्मन (B) सम्राट् अशोक

(C) महाराजा भोज (D) अलाउद्दीन खिलजी

180. जुझार सिंह ने मुगल शासकों के विरुद्ध विद्रोह किया था। वे किस क्षेत्र के शासक थे?

(A) विंध्य प्रदेश (B) मालवा

(C) गढ़कटंगा (D) बुंदेलखंड

181. गढ़कटंगा की रानी दुर्गावती किस मुगल शासक से पराजित हुई थी?

(A) औरंगजेब (B) शाहजहाँ

(C) अकबर (D) बाबर

182. प्राचीनकाल की निम्नलिखित विभूतियों में से किसका संबंध मध्य प्रदेश से नहीं था?

(A) कवि विद्यापति (B) कवि भवभूति

(C) कवि विल्हड़ (D) महर्षि अगस्त

183. निम्नलिखित मध्यकालीन साहित्यकारों में से कौन सा साहित्यकार मध्य प्रदेश का नहीं है?

(A) सूरदास (B) राजा छत्रसाल

(C) बिहारी (D) भूषण

184. मध्य प्रदेश के प्रमुख हिल स्टेशन पचमढ़ी के निकट महादेव पर्वत से कौन सी नदी जन्म लेती है?

(A) बेतवा (B) केन

(C) तवा (D) शिवनाथ

185. 'शहीद स्मारक' कहाँ स्थित है?

(A) ओरछा (B) मुरैना

उत्तर के लिए कृपया पृष्ठ सं. 136 देखें।

(C) भिंड   (D) ग्वालियर

186. निम्नलिखित में से किसे 'पूर्व का सोमनाथ' कहा जाता है?

(A) दंतेश्वरी मंदिर   (B) खजुराहो मंदिर

(C) भोरमदेव मंदिर   (D) भोजपुर मंदिर

□

उत्तर के लिए कृपया पृष्ठ सं. 136 देखें।

3
वर्तमान मध्य प्रदेश

187. मध्य प्रदेश में कुल कितने जिले हैं ?
 (A) 41   (B) 50
 (C) 52   (D) 57

188. भोपाल के 'भारत भवन' का डिजाइन करनेवाले वास्तुकार कौन हैं ?
 (A) लाफारवूजियर   (B) चार्ल्स कोरिया
 (C) अशोक वाजपेयी   (D) फके लायड राइट

189. वर्ष 1991 की जनगणना के अनुसार मध्य प्रदेश की सर्वाधिक आबादी वाला जिला कौन सा है ?
 (A) भोपाल   (B) रायपुर
 (C) इंदौर   (D) बिलासपुर

190. मध्य प्रदेश में कागज बनाने की इकाइयाँ हैं—
 (A) अमलाई   (B) नेपानगर
 (C) उपर्युक्त दोनों   (D) इनमें से कोई नहीं

191. मध्य प्रदेश सरकार का 1990–91 का 'कालिदास सम्मान' किसको मिला ?
 (A) सोमनाथ होर   (B) रतन पारिख
 (C) ओमप्रकाश टाक   (D) इनमें से कोई नहीं

192. मध्य प्रदेश में यूरेनियम पाया जाता है—
 (A) सरगुजा   (B) गोंडवाना
 (C) उपर्युक्त दोनों   (D) इनमें से कोई नहीं

193. ताप्ती का उद्गम तथा अंतः स्थल क्रमशः है—

उत्तर के लिए कृपया पृष्ठ सं. 136 देखें।

(A) बैतूल जिले में मुलताई के पास, खंबात की खाड़ी

(B) इंदौर जिले में महू के पास, बंगाल की खाड़ी

(C) अमरकंटक, अरब सागर

(D) इनमें से कोई नहीं

194. 'कान्हा-किसली' क्या है ?

(A) सांस्कृतिक केंद्र, मंडला जिले में

(B) जल-प्रपात, जबलपुर जिले में

(C) राष्ट्रीय उद्यान, मंडला जिले में

(D) राष्ट्रीय उद्यान, जबलपुर जिले में

195. कौन सा साहित्यकार मध्य प्रदेश से संबंधित नहीं है ?

(A) हरिशंकर परसाई   (B) शरद जोशी

(C) प्रभाकर माचवे   (D) धर्मवीर भारती

196. मध्य प्रदेश में मंत्रिपरिषद् किसके प्रति उत्तरदायी है ?

(A) विधानसभा के प्रति   (B) मुख्यमंत्री के प्रति

(C) राज्यपाल के प्रति   (D) इनमें से कोई नहीं

197. किस नदी पर विद्युत् उत्पादन के लिए तीन बाँध बनाए गए हैं तथा उसके पानी को बैराज द्वारा राजस्थान और मध्य प्रदेश में सिंचाई के लिए उपयोग में लाया जाता है ?

(A) ताप्ती   (B) चंबल

(C) सोन   (D) बेतवा

198. मध्य प्रदेश में सबसे अधिक क्षेत्र में कौन सी फसल बोई जाती है ?

(A) ज्वार   (B) सोयाबीन

(C) गेहूँ   (D) चावल

199. निम्नलिखित जनजातियों को उनके स्थानों से सुमेलित कीजिए—

1. मंडला   (A) कोरबा

2. झाबुआ   (B) माड़िया

3. बस्तर   (C) भील

4. रायगढ़   (D) बेंगा

कूट :   (A)   (B)   (C)   (D)

(A)   4   3   2   1

उत्तर के लिए कृपया पृष्ठ सं. 136 देखें।

(B)   1   4   3   2

(C)   2   1   4   3

(D)   3   2   1   4

200. खनिज और उनसे संबंधित जिलों को सुमेलित कीजिए—

    1.   मैंगनीज   (A) बालाघाट

    2.   लौह अयस्क   (B) बस्तर

    3.   बॉक्साइट   (C) मंडला

    4.   कोयला   (D) शहडोल

कूट :   (A)   (B)   (C)   (D)

(A)   1   2   3   4

(B)   2   3   4   1

(C)   3   4   1   2

(D)   4   1   2   3

201. हरसौंठ (जिप्सम) किस जिले में पाया जाता है?

    (A) रायगढ़   (B) सागर

    (C) रीवा   (D) जबलपुर

202. मध्य प्रदेश का कौन सा क्षेत्र सफेद शेरों के लिए प्रख्यात है?

    (A) छत्तीसगढ़   (B) बघेलखंड

    (C) मालवा   (D) इनमें से कोई नहीं

203. सुमेलित कीजिए—

    1.   हीरा   (A) ग्वालियर

    2.   मांडू   (B) धार

    3.   चित्रकूट   (C) सतना

    4.   गूजरी महल   (D) पन्ना

कूट :   (A)   (B)   (C)   (D)

(A)   4   2   3   1

(B)   3   4   1   2

(C)   1   3   2   4

(D)   2   1   4   4

204. इनमें से कौन सा कथन सही नहीं है?

उत्तर के लिए कृपया पृष्ठ सं. 136 व 137 देखें।

(A) रीवा विंध्य प्रदेश की राजधानी थी।

(B) जबलपुर, महाकौशल की राजधानी थी।

(C) भोपाल, भोपाल राज्य की राजधानी थी।

(D) ग्वालियर मध्य प्रदेश की राजधानी थी।

205. मध्य प्रदेश का ऐसा पर्यटन स्थल, जो अपने मंदिरों के लिए प्रख्यात है?

(A) मांडू   (B) खजुराहो

(C) मैहर   (D) दंतेवाड़ा

206. साल की लकड़ी का उपयोग अधिकतर किस उद्योग में होता है?

(A) रेलवे स्लीपर   (B) कत्था

(C) माचिस   (D) कागज

207. चंबल नदी का उद्गम स्थल किस जिले में है?

(A) खरगौन   (B) महू (इंदौर)

(C) मंडला   (D) शहडोल

208. अबूझमाड़ किस जिले में स्थित है?

(A) दुर्ग   (B) बस्तर

(C) सरगुजा   (D) रायपुर

209. 1991 की जनगणना के अनुसार मध्य प्रदेश की जनसंख्या है—

(A) 6,68,35,862   (B) 6,60,35,862

(C) 6,62,35,862   (D) 6,61,35,862

210. मध्य प्रदेश में रेलमार्ग की लंबाई कितने किलोमीटर है?

(A) 6850   (B) 5980

(C) 6760   (D) 5750

211. निम्नलिखित में से किस जिले में साक्षरता का प्रतिशत सबसे कम है?

(A) बालाघाट   (B) मंडला

(C) झाबुआ   (D) सरगुजा

212. 1991 की जनगणना के अनुसार मध्य प्रदेश में साक्षरता का प्रतिशत किस जिले में सबसे अधिक था?

(A) भोपाल   (B) रायपुर

(C) जबलपुर   (D) इंदौर

213. मध्य प्रदेश का क्षेत्रफल कितना है?

उत्तर के लिए कृपया पृष्ठ सं. 137 देखें।

(A) 3.39 लाख वर्ग कि.मी.   (B) 4.43 लाख वर्ग कि.मी.
(C) 5.27 लाख वर्ग कि.मी.   (D) 4.86 लाख वर्ग कि.मी.

214. मध्य प्रदेश में ताँबा कहाँ पाया जाता है ?
(A) केसली (मंडला)   (B) डाली रझेरा (दुर्ग)
(C) बैलाडीला (बस्तर)   (D) मलाजखंड (बालाघाट)

215. रुपए के मूल्य के अनुसार मध्य प्रदेश में कौन सा खनिज सबसे अधिक होता है ?
(A) बॉक्साइट   (B) चूना पत्थर
(C) लौह अयस्क   (D) कोयला

216. मध्य प्रदेश का निर्माण राज्य पुनर्गठन आयोग की अनुशंसा पर हुआ था—
(A) 1 अप्रैल, 1956   (B) 28 जनवरी, 1956
(C) 1 नवंबर, 1956   (D) 15 अगस्त, 1947

217. भारत हैवी इलेक्ट्रिकल्स कहाँ है ?
(A) पीथमपुर   (B) भोपाल
(C) इंदौर   (D) जबलपुर

218. मध्य प्रदेश में निम्नलिखित में से मानसिक चिकित्सालय कहाँ है ?
(A) ग्वालियर   (B) सागर
(C) कटनी   (D) इंदौर

219. मध्य प्रदेश से गुजरने वाली अक्षांश रेखा निम्नलिखित में से कौन सी है ?
(A) उ. ध्रुव वृत्त रेखा   (B) कर्क रेखा
(C) मकर रेखा   (D) भूमध्य रेखा

220. मध्य प्रदेश में कुल कितनी तहसीलें हैं ?
(A) 285   (B) 250
(C) 210   (D) 172

221. मध्य प्रदेश का पिन कोड किससे प्रारंभ होता है ?
(A) 2   (B) 3
(C) 4   (D) 5

222. भोपाल की औद्योगिक दुर्घटना में कौन सी गैस रिसी थी ?

उत्तर के लिए कृपया पृष्ठ सं. 137 देखें।

(A) फास्जीन   (B) मिथाइल आइसोसायनाइट

(C) फिनाइल आइसोसायनाइट   (D) मिथाइल सायनाइट

223. मध्य प्रदेश का राजकीय पशु कौन सा है?

(A) बारहसिंगा   (B) बाघ

(C) सफेद हाथी   (D) चीता

224. मध्य प्रदेश का राजकीय पक्षी कौन सा है?

(A) दूधराज (पैराडाइज फ्लाइ कैचर)   (B) कोयल

(C) मैना   (D) मयूर

225. मध्य प्रदेश से लोकसभा सदस्यों की कुल संख्या कितनी है?

(A) 25   (B) 29

(C) 40   (D) 42

226. मध्य प्रदेश की विधान सभा में कुल कितनी सीटें हैं?

(A) 230   (B) 240

(C) 320   (D) 425

227. मध्य प्रदेश से राज्यसभा सदस्यों की कुल संख्या कितनी है?

(A) 12   (B) 13

(C) 15   (D) 17

228. बाँधवगढ़ राष्ट्रीय पार्क किस जिले में स्थित है?

(A) शिवपुरी   (B) उमरिया

(C) मंडला   (D) बालाघाट

229. मध्य प्रदेश की सबसे ऊँची चोटी कौन सी है?

(A) बागली   (B) जानापाव

(C) धूपगढ़   (D) देवगढ़

230. मध्य प्रदेश का सर्वाधिक गर्म स्थल कौन सा है?

(A) गंजबासौदा (विदिशा)   (B) भोपाल

(C) गुना   (D) ग्वालियर

231. मध्य प्रदेश के सर्वाधिक क्षेत्र में पाई जाने वाली मिट्टी कौन सी है?

(A) लाल   (B) काली

(C) लेटराइट   (D) जलोढ़

232. मध्य प्रदेश की किस नदी द्वारा भूमिक्षरण सर्वाधिक किया जाता है?

उत्तर के लिए कृपया पृष्ठ सं. 137 देखें।

(A) पार्वती नदी   (B) चंबल नदी
(C) बेतवा नदी   (D) नर्मदा नदी

233. निम्नलिखित में से कौन सा कारखाना जबलपुर में नहीं है ?
(A) एल्यूमिनियम कारखाना   (B) गन कैरेज कारखाना
(C) वाहन कारखाना   (D) आयुध कारखाना

234. वित्तीय वर्ष 2010-11 के लिए मध्य प्रदेश की वार्षिक योजना कितनी निर्धारित की गई थी ?
(A) 7,500 करोड़   (B) 8,200 करोड़
(C) 17,000 करोड़   (D) 19,000 करोड़

235. मई 2008 में मध्य प्रदेश में दो नए जिले बनाए गए थे, वे हैं—
(A) बड़वानी, नीमच   (B) अलीराजपुर, सिंगरौली
(C) सोहणपुर, राजनगर   (D) डिंडोरी, कटनी

236. ग्याहरवीं पंचवर्षीय योजना (2007–12) के दौरान मध्य प्रदेश में कितने मेगावाट विद्युत् उत्पादन क्षमता सृजित करने का लक्ष्य रखा गया ?
(A) 6062   (B) 7071
(C) 8184   (D) 9092

237. मध्य प्रदेश के नगरीय निकाय चुनावों में महापौर का निर्वाचन होता है—
(A) मनोनयन द्वारा   (B) प्रत्यक्ष रीति से
(C) अप्रत्यक्ष रीति से   (D) इनमें से कोई नहीं

238. मध्य प्रदेश में हिंदी में प्रकाशित होने वाला पहला समाचार-पत्र कौन सा है ?
(A) छत्तीसगढ़ मित्र   (B) मालवा अखबार
(C) अग्रदूत   (D) नवजीवन

239. मध्य प्रदेश से प्रकाशित होने वाला पहला समाचार-पत्र निम्नलिखित में से कौन सा है ?
(A) मालवा अखबार   (B) ग्वालियर अखबार
(C) कर्मवीर   (D) नई दुनिया

240. मध्य प्रदेश में योजना आयोग का अध्यक्ष कौन होता है ?
(A) वित्तमंत्री   (B) राज्यपाल

उत्तर के लिए कृपया पृष्ठ सं. 137 देखें।

    (C) मुख्यमंत्री

    (D) मंत्रिपरिषद् से बाहर का कोई व्यक्ति

241. मध्य प्रदेश के जबलपुर और होशंगाबाद नगर किस नदी के तट पर बसे हैं?

    (A) नर्मदा   (B) गोदावरी

    (C) चंबल   (D) सोन

242. मध्य प्रदेश में कागज बनाने की लकड़ी कहाँ मिलती है?

    (A) उज्जैन एवं इंदौर   (B) सागर एवं बीना

    (C) कटनी एवं सतना   (D) शहडोल एवं खंडवा

243. मध्य प्रदेश में धुआँधार और स्फटिक की शिलाएँ कहाँ स्थित हैं?

    (A) रतलाम   (B) जबलपुर

    (C) विदिशा   (D) उज्जैन

244. मध्य प्रदेश का एकमात्र उद्यानिकी महाविद्यालय कहाँ स्थित है?

    (A) मंदसौर   (B) भोपाल

    (C) इंदौर   (D) ग्वालियर

245. घड़ियाल अभयारण्य किस जिले में है?

    (A) भिंड   (B) मुरैना

    (C) खरगौन   (D) शिवपुरी

246. सफेद संगमरमर कहाँ पाया जाता है?

    (A) छिंदवाड़ा   (B) जबलपुर

    (C) विदिशा   (D) उज्जैन

247. मध्य प्रदेश का निम्नलिखित में से कौन सा जिला महुआ उत्पादन के लिए प्रसिद्ध है?

    (A) बालाघाट   (B) विदिशा

    (C) मंदसौर   (D) खंडवा

248. फायरक्ले ईंटें कहाँ बनाई जाती हैं?

    (A) गुना   (B) महू

    (C) कटनी   (D) सतना

249. दियासलाई उद्योग कहाँ स्थित है?

    (A) मुरैना   (B) भिंड

उत्तर के लिए कृपया पृष्ठ सं. 137 देखें।

(C) देवास   (D) ग्वालियर

250. मध्य प्रदेश के किस स्थान पर भू-उपग्रह संचार अन्वेषण केंद्र स्थापित किया जा रहा है?

(A) भोपाल   (B) इंदौर

(C) छिंदवाड़ा   (D) गुना

251. 'मदन महल' किस नगर में है?

(A) भोपाल   (B) इंदौर

(C) जबलपुर   (D) ग्वालियर

252. 'पदमाकर स्मृति समारोह' कहाँ मनाया जाता है?

(A) इंदौर   (B) शाजापुर

(C) सागर   (D) उज्जैन

253. 'मध्य प्रदेश उत्सव' का आयोजन स्थल कौन सा है?

(A) दिल्ली   (B) इंदौर

(C) खजुराहो   (D) भोपाल

254. 'ध्रुपद समारोह' कहाँ आयोजित किया जाता है?

(A) ओरछा   (B) मैहर

(C) ग्वालियर   (D) भोपाल

255. निम्नलिखित में से किस परियोजना को 'रानी अवंतीबाई सागर परियोजना' के नाम जाना जाता है?

(A) माही परियोजना   (B) तवा परियोजना

(C) बरगी परियोजना   (D) जोंक परियोजना

256. प्रसिद्ध बौद्ध स्थल साँची किस नदी के तट पर स्थित है?

(A) चंबल   (B) क्षिप्रा

(C) सोन   (D) बेतवा

257. ताप्ती नदी कहाँ गिरती है?

(A) हिंद महासागर   (B) गंगा

(C) बंगाल की खाड़ी   (D) खंभात की खाड़ी

258. निम्नलिखित में से किस नदी को हम नर्मदा की समानांतर बहनेवाली नदी कह सकते हैं?

(A) हंसदो   (B) काली सिंध

उत्तर के लिए कृपया पृष्ठ सं. 137 व 138 देखें।

(C) ताप्ती   (D) बेतवा

259. निम्नलिखित में से किस नदी को मध्य प्रदेश की जीवन रेखा कहा जाता है ?

(A) गंभीर   (B) क्षिप्रा

(C) नर्मदा   (D) चंबल

260. निम्नलिखित में से किस नदी को 'मध्य प्रदेश की गंगा' कहा जाता है ?

(A) चंबल   (B) नर्मदा

(C) गंभीर   (D) क्षिप्रा

261. 'पाताल जलप्रपात' किस स्थान पर है ?

(A) इंदौर   (B) जबलपुर

(C) मंदसौर   (D) महू

262. 'गांधी सागर बाँध' किस नदी पर स्थित है ?

(A) नर्मदा   (B) हंसदो

(C) चंबल   (D) महानदी

263. मध्य प्रदेश का बरगी बाँध किस नदी पर बनाया गया है ?

(A) नर्मदा   (B) सोन

(C) तवा   (D) चंबल

264. चंबल नदी जनापाव पहाड़ी से निकलती है। यह पहाड़ी किस शहर के निकट है ?

(A) मुलताई   (B) महू

(C) उज्जैन   (D) ग्वालियर

265. मध्य प्रदेश का झाबुआ जिला किस राज्य की सीमा को स्पर्श करता है ?

(A) आंध्र प्रदेश   (B) उत्तर प्रदेश

(C) गुजरात   (D) राजस्थान

266. मध्य प्रदेश के किस क्षेत्र में समशीतोष्ण जलवायु पाई जाती है ?

(A) मालवा का पठारी क्षेत्र   (B) मध्य प्रदेश का उत्तरी मैदान

(C) विंध्य का पर्वतीय क्षेत्र   (D) इनमें से कोई नहीं

267. बुंदेलखंड के पठार की सबसे ऊँची चोटी की ऊँचाई 1172 किलोमीटर है, इस चोटी का नाम क्या है ?

उत्तर के लिए कृपया पृष्ठ सं. 138 देखें।

(A) पंडारी चोटी   (B) बारामुला चोटी
(C) धूपगढ़ चोटी   (D) सिद्धबाबा चोटी

268. 'नया थिएटर' की स्थापना किसने की है?
  (A) किशोर साहू   (B) हबीब तनवीर
  (C) दाऊ रामचंद्र   (D) हरिशंकर परसाई

269. भारत का पहला तैरता रंगमंच मध्य प्रदेश में कहाँ पर है?
  (A) इंदौर   (B) जबलपुर
  (C) ग्वालियर   (D) भोपाल

270. 'मध्य प्रदेश नाट्य कला अकादमी' कहाँ स्थित है?
  (A) इंदौर   (B) उज्जैन
  (C) भोपाल   (D) जबलपुर

271. मध्य प्रदेश में प्रतिवर्ष 'अखिल भारतीय शास्त्रीय नृत्य उत्सव' कहाँ आयोजित किया जाता है?
  (A) ओरछा   (B) टीकमगढ़
  (C) खजुराहो   (D) पचमढ़ी

272. निराला सृजनपीठ कहाँ स्थित है?
  (D) हरिसिंह गौर विश्वविद्यालय, सागर
  (B) बरकतुल्ला विश्वविद्यालय, सागर
  (C) विक्रम विश्वविद्यालय, उज्जैन
  (D) अहिल्याबाई विश्वविद्यालय, इंदौर

273. 'उदय प्रशस्ति' से किसकी उपलब्धियों का ज्ञान होता है?
  (A) यशोवर्मन   (B) सम्राट् अशोक
  (C) अलाउद्दीन खिलजी   (D) महाराजा भोज

274. विद्युत् अनुसंधान केंद्र कहाँ स्थित है?
  (A) इंदौर   (B) पचमढ़ी
  (C) जबलपुर   (D) भोपाल

275. मध्य प्रदेश में 'शासकीय डाकतार वर्कशॉप' कहाँ स्थित है?
  (A) इंदौर   (B) ग्वालियर
  (C) जबलपुर   (D) भोपाल

276. मध्य प्रदेश में विद्युत् मंडल अपने वर्तमान स्वरूप में कब आया?

उत्तर के लिए कृपया पृष्ठ सं. 138 देखें।

(A) 1 अप्रैल, 1958   (B) 1 अप्रैल, 1957

(C) 1 अप्रैल, 1956   (D) 1 अप्रैल, 1955

277. मध्य प्रदेश के साहित्यकार गजानन माधव मुक्तिबोध के नाम से पीठ की स्थापना किस विश्वविद्यालय में की गई है ?

(A) देवी अहिल्या विश्वविद्यालय, इंदौर

(B) विक्रम विश्वविद्यालय, उज्जैन

(C) भोपाल विश्वविद्यालय, भोपाल

(D) डॉ. हरिसिंह गौर विश्वविद्यालय, सागर

278. 'भारत भवन' का उद्घाटन कब हुआ था ?

(A) 13 अप्रैल, 1985   (B) 13 अप्रैल, 1984

(C) 13 अप्रैल, 1983   (D) 13 अप्रैल, 1982

279. मध्य प्रदेश सरकार द्वारा ललित कलाओं के लिए दी जाने वाली फैलोशिप का नाम क्या है ?

(A) तानसेन फैलोशिप

(B) उस्ताद अलाउद्दीन खाँ फैलोशिप

(C) अमृता शेरगिल फैलोशिप

(D) चक्रधर फैलोशिप

280. मध्य प्रदेश संवर्ग (कैडर) की भारतीय पुलिस सेवा की प्रथम महिला अधिकारी कौन है ?

(A) किरण बेदी   (B) आशा गोपाल

(C) सांत्वना मिश्रा   (D) अर्चना बारदोलई

281. मध्य प्रदेश में 'उच्च शिक्षा अनुदान आयोग' का मुख्यालय कहाँ है ?

(A) भोपाल   (B) ग्वालियर

(C) इंदौर   (D) जबलपुर

282. मध्य प्रदेश का सबसे बड़ा कोयला क्षेत्र कौन सा है ?

(A) होशंगाबाद   (B) सोहागपुर (शहडोल)

(C) छिंदवाडा   (D) सीधी

283. खरगौर पक्षी के लिए विख्यात मध्य प्रदेश का प्रमुख अभयारण्य है—

(A) सैलाना   (B) बोरी

(C) शला मंडला   (D) पामेड़

उत्तर के लिए कृपया पृष्ठ सं. 138 देखें।

284. देवास के पास बागली गाँव से मध्य प्रदेश की निम्नलिखित नदी निकलती है—
    (A) ताप्ती (B) कालीसिंध
    (C) चंबल (D) नर्मदा
285. 'उर्मिल नहर परियोजना' मध्य प्रदेश के निम्नलिखित जिले में है—
    (A) छतरपुर (B) शाजापुर
    (C) मुरैना (D) शिवपुरी
286. मध्य प्रदेश का प्रथम पर्यावरण न्यायालय कहाँ पर स्थित है?
    (A) खंडवा (B) जबलपुर
    (C) इंदौर (D) भोपाल
287. मध्य प्रदेश का राष्ट्रीय विज्ञान संस्थान कहाँ स्थित है?
    (A) राधौगढ़ (B) सारंगपुर
    (C) महू (D) झाबुआ
288. रेशम के कीड़ों के पालन के लिए मध्य प्रदेश सरकार की कौन सी योजना है?
    (A) अमृतधारा (B) रनजा
    (C) अरुणिमा (D) कल्पवृक्ष
289. मध्य प्रदेश में महीन पेपर बनाने का कारखाना कहाँ है?
    (A) अमलाई (B) इंदौर
    (C) नेपानगर (D) देवास
290. मध्य प्रदेश का पहला 'शिल्पग्राम' कहाँ पर स्थित है?
    (A) मंदसौर (B) छतरपुर
    (C) सैलाना (D) खजुराहो
291. 'गोल घघेड़ा उत्सव' किस जनजाति में मनाया जाता है?
    (A) मडिया (B) भील
    (C) गौंड (D) कोल
292. 'भारत भवन' कहाँ है?
    (A) रतलाम (B) इंदौर
    (C) भोपाल (D) जबलपुर
293. मध्य प्रदेश से गुजरने वाला सर्वाधिक लंबा राजमार्ग है?

उत्तर के लिए कृपया पृष्ठ सं. 138 देखें।

(A) नई दिल्ली-बंगलौर रोड (B) मनगवा-इलाहाबाद रोड

(C) आगरा-मुंबई रोड (D) इनमें से कोई नहीं

294. मध्य प्रदेश में एच.ई.जी. उद्योग कहाँ है ?

(A) होशंगाबाद (B) मंडी दीप (रायसेन)

(C) भोपाल (D) जबलपुर

295. 'फॉरेस्ट सर्वे ऑफ इंडिया' (रिपोर्ट-2003), देहरादून के अनुसार देश में सर्वाधिक वन क्षेत्र किस राज्य में है ?

(A) उत्तर प्रदेश (B) बिहार

(C) मध्य प्रदेश (D) छत्तीसगढ़

296. मध्य प्रदेश में रेलवे स्लीपर कहाँ बनते हैं ?

(A) सिवनी (B) ग्वालियर

(C) उज्जैन (D) बुधनी

297. मध्य प्रदेश में आर्डिनेंस फैक्टरी कहाँ है ?

(A) कटनी (B) पन्ना

(C) उज्जैन (D) जबलपुर

298. मध्य प्रदेश में गवर्नमेंट सेंट्रल इंस्टीट्यूट (टेक्सटाइल) कहाँ है ?

(A) ग्वालियर (B) रतलाम

(C) उज्जैन (D) पन्ना

299. मध्य प्रदेश के उन नगरों के नाम बताइए, जो इंडियन एयरलाइंस की विमान सेवा से जुड़े हैं ?

(A) विदिशा, उज्जैन, रतलाम, भिंड तथा रायसेन

(B) ग्वालियर, भोपाल, इंदौर, जबलपुर तथा खजुराहो

(C) पन्ना, भिंड, होशंगाबाद तथा रायसेन

(D) मुरैना, खरगोन, सीधी तथा पन्ना

300. मध्य प्रदेश के किस नगर को 'मिनी मुंबई' कहा जाता है ?

(A) इंदौर (B) भोपाल

(C) रतलाम (D) ग्वालियर

301. राज्य सरकार का कानूनी सलाहकार है—

(A) उच्च न्यायालय का मुख्य न्यायाधीश

(B) एटॉर्नी जनरल

उत्तर के लिए कृपया पृष्ठ सं. 138 देखें।

(C) एडवोकेट जनरल (D) विधि मंत्री

302. मध्य प्रदेश में पुलिस कॉलेज कहाँ स्थित है?
(A) सागर (B) पन्ना
(C) उज्जैन (D) दुर्ग

303. 'एकलव्य पुरस्कार' किस क्षेत्र से संबंधित है?
(A) चित्रकारी (B) उर्दू कविता
(C) संगीत (D) खेल

304. मकबूल फिदा हुसैन का संबंध है—
(A) बाँसुरी वादन से (B) रंगमंच से
(C) संगीत से (D) चित्रकला से

305. बाघ गुफाएँ स्थित हैं—
(A) भोपाल में (B) धार में
(C) रायसेन में (D) मांडू में

306. मध्य प्रदेश की कौन सी फसल रबी की नहीं है?
(A) सरसों (B) अरहर
(C) मटर (D) गेहूँ

307. मध्य प्रदेश में बॉटनिकल गार्डन कहाँ स्थित है?
(A) बालाघाट (B) ग्वालियर
(C) सैलाना (D) भोपाल

308. मध्य प्रदेश में सर्वाधिक सोयाबीन कहाँ होती है?
(A) रूहेलखंड (B) बघेलखंड
(C) बुंदेलखंड (D) मालवा

309. 'भगोरिया' किस जिले के आदिवासियों का पर्व है?
(A) मंदसौर (B) मंडला
(C) झाबुआ (D) बालाघाट

310. बोधघाट परियोजना कहाँ स्थित है?
(A) साँची (B) होशंगाबाद
(C) पश्चिमी निमाड़ (D) पूर्वी निमाड़

311. रानी दुर्गावती का प्रसिद्ध किला कहाँ है?
(A) राजगढ़ (B) मंडला

उत्तर के लिए कृपया पृष्ठ सं. 138 देखें।

(C) गुना   (D) छिंदवाड़ा

312. पावर अल्कोहल प्लांट स्थित है—
    (A) भोपाल में   (B) सनावद में
    (C) उज्जैन में   (D) रतलाम में

313. नायलोन के कृत्रिम रेशे बनाने का कारखाना कहाँ स्थित है?
    (A) इंदौर   (B) भोपाल
    (C) ग्वालियर   (D) नागदा

314. मध्य प्रदेश में हीरे की उथली खानें कहाँ है?
    (A) पन्ना में   (B) रीवा में
    (C) सतना में   (D) सीधी में

315. गैस पर आधारित उर्वरक कारखाना कहाँ स्थित है?
    (A) नागदा   (B) गुना
    (C) भोपाल   (D) ग्वालियर

316. सौर ऊर्जा से विद्युत् बनाने का कारखाना मध्य प्रदेश में सर्वप्रथम कहाँ स्थापित किया गया?
    (A) जबलपुर   (B) इंदौर
    (C) ग्वालियर   (D) भोपाल

317. भोपाल किसके लिए प्रसिद्ध है?
    (A) भारत भवन   (B) सचिवालय
    (C) विधान सभा   (D) सभी के लिए

318. क्षिप्रा नदी किसकी सहायक नदी है?
    (A) चंबल   (B) गंगा
    (C) ताप्ती   (D) नर्मदा

319. भोपाल से निम्नलिखित में से कौन सा सामान अधिक निर्यात होता है?
    (A) चीनी के बरतन   (B) प्लास्टिक
    (C) विद्युत् उपकरण   (D) कपड़े

320. मध्य प्रदेश का सबसे पुराना विश्वविद्यालय कौन सा है?
    (A) जबलपुर वि.वि.   (B) सागर वि.वि.
    (C) इंदौर वि.वि.   (D) विक्रम वि.वि.

321. मुक्तागिरि नामक प्रसिद्ध तीर्थ कहाँ है?

उत्तर के लिए कृपया पृष्ठ सं. 139 देखें।

(A) बैतूल   (B) भोपाल
(C) सागर   (D) होशंगाबाद

322. काठी मध्य प्रदेश के किस क्षेत्र का लोक नाट्य है?
(A) निमाड़   (B) बुंदेलखंड
(C) बघेलखंड   (D) मालवा

323. तीजनबाई प्रसिद्ध है—
(A) भजन एवं लोकगीतों के लिए   (B) नृत्यकला के लिए
(C) पत्रकारिता के लिए   (D) चित्रकारिता के लिए

324. महंत कल्याण दास क्यों विख्यात हैं?
(A) कत्थक नृत्य के लिए   (B) चित्रकारिता के लिए
(C) मणिपुर नृत्य के लिए   (D) नृत्य कला के लिए

325. अमजद अली खाँ क्यों प्रसिद्ध हैं?
(A) तबला वादन के लिए   (B) सारंगी वादन के लिए
(C) सरोद वादन के लिए   (D) गायन के लिए

326. मध्य प्रदेश में शारीरिक शिक्षा और खेल-कूद के विकास के लिए स्थापित 'लक्ष्मीबाई शारीरिक शिक्षा महाविद्यालय' का संबंध किस नगर से है?
(A) इंदौर   (B) जबलपुर
(C) भोपाल   (D) ग्वालियर

327. जनगणना 2001 के आँकड़ों के अनुसार मध्य प्रदेश में सबसे कम लिंगानुपात वाला जिला है—
(A) हरदा   (B) मुरैना
(C) नरसिंहपुर   (D) शिवपुरी

328. जनगणना 2001 के अनुसार मध्य प्रदेश के कौन से दो जिले में स्त्री-पुरुष अनुपात सौ से अधिक है?
(A) बालाघाट   (B) नरसिंहपुर
(C) इंदौर   (D) भिंड

329. जनगणना 2001 के आँकड़ों के अनुसार मध्य प्रदेश में 1000 पुरुषों के पीछे स्त्रियों की संख्या है—
(A) 919   (B) 841
(C) 941   (D) 642

उत्तर के लिए कृपया पृष्ठ सं. 139 देखें।

330. जनगणना 2001 के आँकड़ों के अनुसार साक्षरता की दृष्टि से मध्य प्रदेश का देश में कौन सा स्थान है?

(A) 15वाँ (B) 20वाँ

(C) 24वाँ (D) 30वाँ

331. जनगणना 2001 के नवीनतम आँकड़ों के अनुसार मध्य प्रदेश में सबसे कम साक्षर जिला कौन सा है?

(A) दतिया (B) मुरैना

(C) नरसिंहपुर (D) झाबुआ

332. जनगणना 2001 के आँकड़ों के अनुसार मध्य प्रदेश में सर्वाधिक साक्षर जिला कौन सा है?

(A) जबलपुर (B) भोपाल

(C) नरसिंहपुर (D) इंदौर

333. जनगणना 2001 के आँकड़ों के अनुसार मध्य प्रदेश की साक्षरता का प्रतिशत है—

(A) 68.6 (B) 63.7

(C) 44.20 (D) 40.54

334. मध्य प्रदेश साहित्य परिषद द्वारा 'अखिल भारतीय महाराज वीरसिंहदेव पुरस्कार' किस विधा के लिए दिया जाता है?

(A) कविता (B) कहानी

(C) उपन्यास (D) आलोचना

335. बेतवा नदी का उद्गम स्थान है—

(A) शहडोल जिले के अमरकंटक पहाड़ से

(B) बैतूल जिले का मुलताई पहाड़

(C) रायसेन जिले का कुमरा नामक ग्राम

(D) विंध्याचल पहाड़ी पर बसा ग्राम जानापाव

336. ओंकारेश्वर मांधाता मध्य प्रदेश के निम्नलिखित में से किस जिले में स्थित है?

(A) जबलपुर (B) खंडवा

(C) मंदसौर (D) उज्जैन

337. कपिलधारा और दुग्धधारा स्थित है—

उत्तर के लिए कृपया पृष्ठ सं. 139 देखें।

(A) नर्मदा नदी पर   (B) सोन नदी पर

(C) ताप्ती नदी पर   (D) इंद्रावती नदी पर

338. मध्य प्रदेश में एक रेप्टाइल पार्क बनाया गया है। यह किस जिले में है ?

(A) पन्ना   (B) मंडला

(C) शहडोल   (D) रीवा

339. इंदौर संभाग के पूर्वी निमाड़ और पश्चिमी निमाड़ नामक दो जिले हैं। पश्चिमी निमाड़ खरगौन को कहते हैं, पूर्वी निमाड़ का दूसरा नाम है—

(A) टीकमगढ़   (B) धार

(C) झाबुआ   (D) खंडवा

340. ताँबा, खनिज की दृष्टि से मध्य प्रदेश का कौन सा क्षेत्र संपन्न है ?

(A) छिंदवाड़ा जिले का कन्हान घाटी क्षेत्र

(B) बालाघाट जिले का मलाज खंड क्षेत्र

(C) जबलपुर जिले का लम्रेटा धार क्षेत्र

(D) बैतूल जिले का पाथरखेड़ा रोड़ा क्षेत्र

341. अमरकंटक ताप विद्युत् केंद्र स्थित है—

(A) विदिशा जिले के सिरोंज में

(B) बैतूल जिले के पाथरखेड़ा में

(C) शहडोल जिले के सोहागपुर में

(D) इनमें से किसी भी स्थान पर नहीं

342. मथुरा रिफाइनरी पर आधारित पैट्रो-रसायन उद्योग मध्य प्रदेश के किस जिले में स्थापित किया जा रहा है ?

(A) भिंड   (B) मुरैना

(C) ग्वालियर   (D) गुना

343. मध्य प्रदेश की सर्वाधिक ऊँची चोटी धूपगढ़ निम्नलिखित में से किस क्षेत्र में स्थित है ?

(A) मालवा का पठार   (B) रीवा-पन्ना का पठार

(C) सतपुड़ा मैकाल श्रेणी   (D) बघेलखंड का पठार

344. मध्य प्रदेश में बीड़ी उद्योग काफी विकसित है, इस उद्योग में निम्नलिखित में से किस वृक्ष की पत्तियाँ प्रयुक्त होती हैं ?

उत्तर के लिए कृपया पृष्ठ सं. 139 देखें।

(A) हर्रा   (B) तेंदू

(C) लाख   (D) खैर

345. कत्था बनाने में किस वृक्ष की लकड़ी प्रयुक्त होती है?

(A) सागौन   (B) खैर

(C) बबूल   (D) लाख

346. निम्नलिखित में से किस क्षेत्र की खान से हीरा निकाला जाता है?

(A) मझगवाँ   (B) सिंगरौली

(C) झिलमिली   (D) बिलोछी

347. मध्य प्रदेश निम्नलिखित में से किसके उत्पादन में देश में अग्रणी है?

(A) सोयाबीन   (B) कपास

(C) गेहूँ   (D) चावल

348. मध्य प्रदेश के किस जिले में सर्वाधिक अफीम की खेती होती है?

(A) सिहोर   (B) देवास

(C) मंदसौर   (D) मुरैना

349. मध्य प्रदेश में सर्वाधिक सिंचाई निम्नलिखित में से किस साधन द्वारा होती है?

(A) ट्यूबवेल   (B) नहर

(C) कुआँ   (D) तालाब

350. मध्य प्रदेश के नवीन औद्योगिक क्षेत्रों में से मोटर गाड़ी उद्योग कहाँ स्थापित किया गया है?

(A) मक्सी (शाजापुर)   (B) मेघनगर (झाबुआ)

(C) पीथमपुर (धार)   (D) मंडीदीप (रायसेन)

351. सोयाबीन के उत्पादों का उत्पादन निम्नलिखित में से किस औद्योगिक क्षेत्र में हो रहा है?

(A) मनेरी (मंडला)   (B) मंडीदीप (रायसेन)

(C) मालनपुर (भिंड)   (D) मक्सी (शाजापुर)

352. गुना और शिवपुरी के निकटवर्ती स्थलों पर निम्नलिखित में से कौन सी जनजाति पाई जाती है?

(A) भील   (B) सहरिया

(C) माड़िया   (D) कोल

उत्तर के लिए कृपया पृष्ठ सं. 139 देखें।

353. मध्य प्रदेश के निम्न में कौन से नगर में हवाईअड्डा नहीं है?
    (A) उज्जैन (B) खजुराहो
    (C) भोपाल (D) इंदौर

354. मध्य प्रदेश में निम्नलिखित में से कौन से नगर में अंतरराष्ट्रीय हवाईअड्डा है?
    (A) भोपाल (B) इंदौर
    (C) ग्वालियर (D) इनमें से कोई नहीं

355. राजा मानसिंह तोमर द्वारा अपनी प्रेमिका 'मृगनयनी' के लिए ग्वालियर में बनवाया गया महल निम्नलिखित में से किस नाम से पुकारा जाता है?
    (A) मृगनयनी महल (B) गूजरी महल
    (C) हवा महल (D) ताज महल

356. मध्य प्रदेश के किस राष्ट्रीय पार्क में सफेद शेर मिलते हैं?
    (A) बाँधवगढ़ राष्ट्रीय उद्यान (B) माधव राष्ट्रीय उद्यान
    (C) कान्हा-किसली राष्ट्रीय उद्यान (D) इनमें से कोई नहीं

357. चंदेरी निम्नलिखित में से किसके लिए विख्यात है?
    (A) शिवालय (B) राष्ट्रीय पार्क
    (C) साड़ी उद्योग (D) उत्कृष्ट उद्योग

358. इंदौर के उद्गम से वर्तमान तक के नामों में निम्नलिखित में से कौन सा नाम नहीं है?
    (A) इंद्रप्रस्थ (B) इंद्रपुर
    (C) इंदूर (D) इंदौर

359. मध्य प्रदेश में वर्ष 2006-07 में बिजली अधिष्ठापित क्षमता कितनी थी?
    (A) 17.16 मिलियन कि.वा. घंटे
    (B) 16.06 मिलियन कि.वा. घंटे
    (C) 15.16 मिलियन कि.वा. घंटे
    (D) 3050.5 मेगावाट

360. मध्य प्रदेश के कितने गाँवों का 2006-07 तक विद्युतीकरण किया जा चुका है?
    (A) 20,200 (B) 50,474
    (C) 67,959 (D) 70,883

उत्तर के लिए कृपया पृष्ठ सं. 139 देखें।

361. मध्य प्रदेश के किस नगर में ओमान की सहायता से तेलशोधन कारखाना लगाया जा रहा है?
   (A) सतना
   (B) बीना
   (C) ग्वालियर
   (D) भोपाल

362. मध्य प्रदेश के कुछ स्थानों में कॉफी का उत्पादन शुरू किया गया है, बताइए निम्नलिखित स्थानों में से कौन सम्मिलित नहीं है?
   (A) मुरैना
   (B) मंडला
   (C) अमरकंटक
   (D) पचमढ़ी

363. सिंगरौली की खानें निम्नलिखित में से किस खनिज से संबंध रखती हैं?
   (A) हीरा
   (B) बॉक्साइट
   (C) कोयला
   (D) लौह अयस्क

364. बालाघाट जिले में किस खनिज के अपार भंडारों का पता चला है?
   (A) जस्ता
   (B) ताँबा
   (C) लौह अयस्क
   (D) सोना

365. मध्य प्रदेश में 2001 की जनगणना के अनुसार जनसंख्या की दृष्टि से कौन सा जिला प्रथम स्थान पर है?
   (A) ग्वालियर
   (B) जबलपुर
   (C) भोपाल
   (D) इंदौर

366. मध्य प्रदेश के किस नगर में दंत चिकित्सा महाविद्यालय है?
   (A) इंदौर
   (B) जबलपुर
   (C) भोपाल
   (D) ग्वालियर

367. निम्नलिखित में से कौन सा कलाकार मध्य प्रदेश से संबंधित नहीं है?
   (A) अमिताभ बच्चन
   (B) अशोक कुमार
   (C) किशोर कुमार
   (D) अनूप कुमार

368. मध्य प्रदेश के एक तीर्थस्थल में 12 वर्ष बाद कुंभ का मेला सिंहस्थ किस स्थान पर लगता है?
   (A) उज्जैन
   (B) साँची
   (C) खजुराहो
   (D) अमरकंटक

369. मध्य प्रदेश के उच्च न्यायालय कहाँ स्थित है?
   (A) जबलपुर
   (B) इंदौर

उत्तर के लिए कृपया पृष्ठ सं. 139 व 140 देखें।

(C) भोपाल　　　　　　(D) ग्वालियर

370. प्रदेश का निर्माण करते समय इसका कुछ भाग किस राज्य को दिया गया ?
 (A) गुजरात　　　　　(B) महाराष्ट्र
 (C) आंध्र प्रदेश　　　(D) राजस्थान

371. मध्य प्रदेश की सबसे बड़ी नदी परियोजना है—
 (A) जवाहर सागर　　(B) गांधी सागर
 (C) तवा　　　　　　(D) नर्मदा सागर

372. कपास अनुसंधान केंद्र स्थित है—
 (A) शिवपुरी　　　　(B) खरगौन
 (C) इंदौर　　　　　(D) जबलपुर

373. जनसंख्या के आधार पर मध्य प्रदेश देश का कौन से क्रम का सबसे बड़ा प्रदेश है ?
 (A) तीसरा　　　　　(B) पाँचवाँ
 (C) सातवाँ　　　　(D) नौवाँ

374. मध्य प्रदेश में सबसे कम जनसंख्या वाला जिला कौन सा है ?
 (A) भिंड　　　　　(B) बालाघाट
 (C) हरदा　　　　　(D) बड़वानी

375. कर्क रेखा मध्य प्रदेश के निम्नलिखित में से किस भाग से गुजरती है ?
 (A) दक्षिणी पठार से　(B) उत्तरी भाग से
 (C) पश्चिमी भाग से　(D) पूर्वी भाग से

376. संपूर्ण देश में जनसंख्या की वृद्धि का प्रतिशत 2001 की जनगणना के अनुसार 21.54 प्रतिशत है। मध्य प्रदेश में यह कितना प्रतिशत है ?
 (A) 26.75　　　　(B) 26.52
 (C) 24.34　　　　(D) 22.60

377. जनगणना के अनुसार मध्य प्रदेश में जनसंख्या का घनत्व है—
 (A) 149 व्यक्ति प्रति वर्ग कि.मी.
 (B) 169 व्यक्ति प्रति वर्ग कि.मी.
 (C) 194 व्यक्ति प्रति वर्ग कि.मी.
 (D) 196 व्यक्ति प्रति वर्ग कि.मी.

उत्तर के लिए कृपया पृष्ठ सं. 140 देखें।

378. जनसंख्या घनत्व के आधार पर मध्य प्रदेश देश का कौन सा कम जनसंख्या घनत्व वाला राज्य है ?

(A) अठारहवाँ
(B) सत्रहवाँ
(C) बारहवाँ
(D) ग्यारहवाँ

379. प्रदेश के सर्वाधिक घनत्व वाले जिले कौन से हैं ?

(A) भोपाल एवं इंदौर
(B) भोपाल एवं जबलपुर
(C) इंदौर एवं जबलपुर
(D) ग्वालियर एवं जबलपुर

380. भोपाल तथा इंदौर का जनसंख्या घनत्व है—

(A) 670 व्यक्ति प्रति वर्ग कि.मी.
(B) 665 व्यक्ति प्रति वर्ग कि.मी.
(C) 660 व्यक्ति प्रति वर्ग कि.मी.
(D) 663 व्यक्ति प्रति वर्ग कि.मी.

381. सर्वाधिक अफीम की पैदावार देनेवाला मध्य प्रदेश का मंदसौर जिला किस संभाग में है ?

(A) सागर
(B) भोपाल
(C) इंदौर
(D) उज्जैन

382. मध्य प्रदेश में खुली जेल मुंगावली में है, जोकि एक तहसील है, यह तहसील किस जिले में है ?

(A) दतिया
(B) गुना
(C) शिवपुरी
(D) ग्वालियर

383. चंबल, काली सिंध तथा पार्वती मध्य प्रदेश में बहने वाली नदियाँ हैं। यह किस क्षेत्र की नदियाँ हैं ?

(A) रीवा-पन्ना के पठार क्षेत्र की
(B) मध्य भारत के पठार क्षेत्र की
(C) बुंदेलखंड के पठार क्षेत्र की
(D) मालवा के पठार क्षेत्र की

384. झाबुआ क्षेत्र, इंदौर, देवास, धार तथा रतलाम नगर मध्य प्रदेश के किस प्राकृतिक विभाग में आते हैं ?

(A) बघेलखंड के पठार में
(B) मालवा के पठार में
(C) बुंदेलखंड के पठार में
(D) मध्य भारत के पठार में

उत्तर के लिए कृपया पृष्ठ सं. 140 देखें।

385. जबलपुर, रीवा, बालाघाट, इंदौर और दक्षिण शिवपुरी में जो वन पाए जाते हैं, उन्हें कहते हैं—

(A) मानसूनी वन   (B) कँटीले वन

(C) शुष्क वन   (D) इनमें से कोई नहीं

386. 'राज्य वन अनुसंधान संस्थान' स्थित है ?

(A) नरसिंहपुर में   (B) होशंगाबाद में

(C) जबलपुर में   (D) बैतूल में

387. मालवा के पठार के उत्तर-पश्चिमी में कौन सी पहाड़ियाँ हैं ?

(A) सतपुड़ा की पहाड़ियाँ   (B) अरावली की पहाड़ियाँ

(C) विंध्याचल की पहाड़ियाँ   (D) अरमकंटक की पहाड़ियाँ

388. 'राष्ट्रीय कैडेट कोर प्रशिक्षण कॉलेज' (महिला) कहाँ पर स्थित है ?

(A) उज्जैन   (B) इंदौर

(C) जबलपुर   (D) ग्वालियर

389. 'बाणसागर बाँध परियोजना' किस नदी पर बन रही है ?

(A) गोदावरी नदी पर   (B) सोन नदी पर

(C) नर्मदा नदी पर   (D) चंबल नदी पर

390. मध्य प्रदेश में उच्च न्यायालय की सहायक शाखाएँ कहाँ हैं ?

(A) रीवा एवं इंदौर   (B) दमोह एवं टीकमगढ़

(C) ग्वालियर एवं इंदौर   (D) भोपाल एवं दतिया

391. उज्जैन संभाग की नदियाँ हैं—

(A) गोमती, क्षिप्रा, नर्मदा, चंबल

(B) यमुना, काली सिंध, गंभीर, क्षिप्रा, नर्मदा

(C) शिप्रा, नर्मदा, गंभीर, काली सिंध

(D) नर्मदा, गंभीर क्षिप्रा, काली सिंध

392. मध्य प्रदेश में जलोढ़ चट्टानों के क्षेत्र को कहते हैं—

(A) उत्तरी पठार   (B) विदर्भ का पठार

(C) महाकौशल का पठार   (D) मध्य भारत का पठार

393. 'प्रोजेक्ट टाइगर योजना' के अंतर्गत मध्य प्रदेश का कौन सा राष्ट्रीय उद्यान चुना गया है ?

(A) कान्हा किसली राष्ट्रीय उद्यान   (B) बाँधवगढ़ राष्ट्रीय उद्यान

उत्तर के लिए कृपया पृष्ठ सं. 140 देखें।

(C) माधव राष्ट्रीय उद्यान   (D) (A) व (C) दोनों

394. मध्य प्रदेश में एकमात्र कागज का कारखाना है—
   (A) नेपानगर   (B) होशंगाबाद
   (C) जबलपुर   (D) भोपाल

395. जबलपुर के निकट भेड़ाघाट पर धुआँधार जलप्रपात निम्नलिखित में से किस नदी पर बनाया गया है?
   (A) ताप्ती   (B) नर्मदा
   (C) चंबल   (D) बेतवा

396. मध्य प्रदेश का प्रथम रत्न परिष्कृत केंद्र निम्नलिखित में से किस स्थान पर स्थापित किया गया है?
   (A) जबलपुर   (B) इंदौर
   (C) पन्ना   (D) छतरपुर

397. भारत का लेसर किरण परमाणु ऊर्जा अनुसंधान केंद्र मध्य प्रदेश के किस नगर में स्थापित किया गया है?
   (A) उज्जैन   (B) इंदौर
   (C) भोपाल   (D) जबलपुर

398. अवधेश प्रताप सिंह विश्वविद्यालय कहाँ स्थित है?
   (A) रीवा   (B) सागर
   (C) भोपाल   (D) छतरपुर

399. मध्य प्रदेश का एकमात्र रीजनल इंजीनियरिंग कॉलेज है—
   (A) मौलाना आजाद कॉलेज ऑफ टेक्नोलॉजी, भोपाल
   (B) माधव इंजीनियरिंग कॉलेज, ग्वालियर
   (C) श्रीगोविंद राम सेकसरिया इंस्टीट्यूट ऑफ टेक्नोलॉजी ऐंड साइंस, इंदौर
   (D) गवर्नमेंट कॉलेज ऑफ इंजीनियरिंग ऐंड टेक्नोलॉजी, उज्जैन

400. सतपुड़ा की शैलमालाओं से घिरी पचमढ़ी जो पर्यटकों का स्वर्ग कहा जाता है, किस जिले में स्थित है?
   (A) छतरपुर   (B) रीवा
   (C) होशंगाबाद   (D) खंडवा

401. 'सतपुड़ा की रानी' के नाम से संबोधित किया जाता है—

उत्तर के लिए कृपया पृष्ठ सं. 140 देखें।

(A) चित्रकूट को   (B) अमरकंटक को

(C) पचमढ़ी को   (D) मांधाता को

402. मंदसौर मध्य प्रदेश का प्राचीन एवं धार्मिक नगर है। इसका प्राचीन नाम है—

(A) दशपुर   (B) महिष्मती

(C) मांधाता   (D) अवंति

403. हीरों के उत्खनन के लिए विख्यात मध्य प्रदेश का पन्ना जिला किस संभाग में है?

(A) सागर   (B) रीवा

(C) होशंगाबाद   (D) भोपाल

404. शहडोल, सीधी आदि जिले किस पठार के अंतर्गत आते हैं?

(A) बुंदेलखंड के पठार   (B) रीवा-पन्ना के पठार

(C) बघेलखंड के पठार   (D) दंडकारण्य के पठार

405. मध्य भारत के पठार के पूर्व में रीवा—पन्ना के पठार के पश्चिम में एक और पठार स्थित है, उसका नाम है—

(A) दंडकारण्य का पठार   (B) बघेलखंड का पठार

(C) मालवा का पठार   (D) बुंदेलखंड का पठार

☐

उत्तर के लिए कृपया पृष्ठ सं. 140 देखें।

4
साहित्य, कला एवं संस्कृति

406. जैनियों के 108 मंदिर किस स्थान पर हैं ?
   (A) बालाजी (दतिया)   (B) जौनिया (मुरैना)
   (C) सोनागिर (दतिया)   (D) इनमें से कोई नहीं

407. मध्य प्रदेश सरकार का 1990-91 का 'कालिदास सम्मान' किसको मिला ?
   (A) सोमनाथ होर   (B) रतन पारीख
   (C) ओमप्रकाश टाक   (D) इनमें से कोई नहीं

408. बरकतउल्ला विश्वविद्यालय कहाँ है ?
   (A) सतना में   (B) भोपाल में
   (C) उज्जैन में   (D) रीवा में

409. बरकतउल्ला विश्वविद्यालय कहाँ है ?
   (A) जबलपुर   (B) भोपाल
   (C) इंदौर   (D) रीवा

410. 1991-92 का 'कालिदास सम्मान' किसे मिला ?
   (A) विजया मेहता   (B) हेमा मालिनी
   (C) श्री देवी   (D) सत्यजीत राय

411. 'इकबाल सम्मान' मध्य प्रदेश में किस क्षेत्र में योगदान के लिए दिया जाता है ?
   (A) शौर्य   (B) रचनात्मक उर्दू लेखन
   (C) सांप्रदायिक सद्भावना   (D) राष्ट्रीय एकता

412. कौन सा लोकनृत्य मध्य प्रदेश का नहीं है ?

उत्तर के लिए कृपया पृष्ठ सं. 140 देखें।

(A) बीहू   (B) राई

(C) कर्मा   (D) भगौरिया

413. निम्नलिखित में से किस गायक का जन्म मध्य प्रदेश में नहीं हुआ ?

(A) उस्ताद हाफिज अली खाँ   (B) लता मंगेशकर

(C) उस्ताद अलाउद्दीन खाँ   (D) तानसेन

414. 'इंदिरा गांधी राष्ट्रीय संग्रहालय' कहाँ स्थित है ?

(A) साँची   (B) ग्वालियर

(C) भोपाल   (D) जबलपुर

415. 'चक्रधर फैलोशिप' किसके लिए दी जाती है ?

(A) शास्त्रीय संगीत   (B) लोक कला

(C) साहित्यिक आलोचना   (D) शास्त्रीय नृत्य

416. 'बैगा' नामक पुस्तक किसने लिखी है ?

(A) वेरियर एल्विन   (B) एच. रिजले

(C) एस.सी. राय   (D) डी.एन. मजूमदार

417. सन् 1942 में छत्तीसगढ़ का एक समाचार-पत्र अंग्रेजों का कोपभाजन बना था—

(A) महाकौशल   (B) हिंदसत्

(C) अग्रदूत   (D) लोक स्वर

418. मेधा पाटकर कौन हैं ?

(A) नर्तक   (B) चित्रकार

(C) गीतकार   (D) सामाजिक कार्यकर्ता

419. मध्य प्रदेश का पहला समाचार-पत्र 150 वर्ष पहले प्रकाशित हुआ था, यह था—

(A) अखबार ग्वालियर   (B) नवभारत

(C) नई दुनिया   (D) मालवा अखबार

420. 'बिखरे मोती' के रचयिता हैं—

(A) अज्ञेय   (B) सुभद्रा कुमारी चौहान

(C) मुक्तिबोध   (D) दिनकर सोनवलकर

421. मध्य प्रदेश का राज्य पक्षी क्या है ?

(A) दूधराज   (B) मोर

उत्तर के लिए कृपया पृष्ठ सं. 140 देखें।

(C) कबूतर   (D) इनमें से कोई नहीं

422. 'कालिदास सम्मान' किस क्षेत्र में योगदान हेतु दिया जाता है?

(A) खेल   (B) कला

(C) शांति   (D) चिकित्सा

423. किस जिले में बघेली भाषा नहीं बोली जाती है?

(A) टीकमगढ़   (B) सतना

(C) रीवा   (D) सीधी

424. खेरागढ़ किसके लिए प्रसिद्ध है?

(A) प्राकृतिक झरने   (B) संगीत विश्वविद्यालय

(C) विशाल किला   (D) राष्ट्रीय उद्यान

425. निम्नलिखित में से कौन सा नाटक कालिदास ने नहीं लिखा?

(A) अभिज्ञान शाकुंतलम   (B) जानकीहरण

(C) मालविकाग्निमित्र   (D) कुमारसंभव

426. संस्कृत विश्वविद्यालय की स्थापना की गई है—

(A) जबलपुर   (B) उज्जैन

(C) ग्वालियर   (D) रीवा

427. मध्य प्रदेश में खुला (ओपन) विश्वविद्यालय कहाँ है?

(A) भोपाल   (B) जबलपुर

(C) इंदौर   (D) ग्वालियर

428. मध्य प्रदेश का राजकीय पशु कौन सा है?

(A) सफेद हाथी   (B) बारहसिंगा

(C) चीता   (D) बाघ

429. मध्य प्रदेश के प्रथम वन राजिक महाविद्यालय की स्थापना कहाँ हुई
     थी?

(A) बालाघाट   (B) शिवपुरी

(C) बैतूल   (D) जबलपुर

430. वर्ष 2008–09 के लिए मध्य प्रदेश सरकार का प्रतिष्ठित 'लता मंगेशकर
     सम्मान' किसे प्रदान किया गया?

(A) शान   (B) कुमान शानू

(C) रवि (संगीतकार)   (D) अलका याज्ञनिक

उत्तर के लिए कृपया पृष्ठ सं. 140 व 141 देखें।

431. मध्य प्रदेश सरकार का वर्ष 2007-08 का 'कालिदास सम्मान' किसे दिया गया?

(A) नागजी पटेल (B) प्रकाश चंद्र

(C) पं. बलवंत रायभट्ट (D) गुरु राजकुमार सिंह

432. मध्य प्रदेश के किस सुप्रसिद्ध साहित्यकार को 'एक भारतीय आत्मा' के नाम से पुकारा जाता है?

(A) बालकृष्ण शर्मा 'नवीन' (B) भवानी प्रसाद भिश्र

(C) माखनलाल चतुर्वेदी (D) हरिकृष्ण प्रेमी

433. मध्य प्रदेश साहित्य परिषद् द्वारा 'अखिल भारतीय महाराजा वीरसिंह देव पुरस्कार' किस विधा के लिए दिया जाता है?

(A) आलोचना (B) समाज विज्ञान

(C) उपन्यास (D) कविता

434. काठी मध्य प्रदेश के किस क्षेत्र का लोकनाट्य है?

(A) बुंदेलखंड (B) निमाड़

(C) मालवा (D) बघेलखंड

435. 'भोपाल ट्रेजडी' के रचयिता हैं?

(A) एन.के. चोपड़ा (B) खुशवंत सिंह

(C) एम. अरुण सुब्रमण्यम (D) डेविड वियर

436. वास्तुकला की प्रमुख कृति 'समरांगसूत्र' के लेखक हैं—

(A) हेमचंद्र (B) राजा भोज

(C) श्री हर्ष (D) श्रे भेंद्र

437. मध्य प्रदेश शासन द्वारा शिक्षा के क्षेत्र में समग्र रचनात्मक अवदान, सृजनात्मक और श्रेष्ठ उपलब्धि के लिए वर्ष 2009-10 का 'महर्षि वेदव्यास सम्मान' किसे दिया गया है?

(A) सोनल मान सिंह (B) शांति देव

(C) विद्याभारती (शिक्षा संस्थान) (D) विमल लाठ

438. प्रसिद्ध ध्रुपद गायक कुमार गंधर्व किस स्थान से संबंधित थे?

(A) मैहर (B) देवास

(C) खंडवा (D) ग्वालियर

439. मध्य प्रदेश उच्च शिक्षा अनुदान आयोग का मुख्यालय कहाँ है?

उत्तर के लिए कृपया पृष्ठ सं. 141 देखें।

(A) ग्वालियर   (B) भोपाल

(C) इंदौर   (D) जबलपुर

440. मध्य प्रदेश का प्रथम आकाशवाणी केंद्र कहाँ खुला था?

(A) भोपाल   (B) जबलपुर

(C) इंदौर   (D) विदिशा

441. निम्नलिखित में से कौन सा फिल्मी कलाकार मध्य प्रदेश से संबंधित नहीं है?

(A) जानी वॉकर   (B) मुकेश

(C) प्रेमनाथ   (D) जया बच्चन

442. कौन सा फिल्मी गीतकर मध्य प्रदेश का नहीं है?

(A) कैफी आजमी   (B) निदा फाजली

(C) जाँनिसार अख्तर   (D) विट्ठल भाई पटेल

443. मध्य प्रदेश सरकार द्वारा ललित कलाओं के लिए दी जाने वाली फैलोशिप का नाम क्या है?

(A) तानसेन फैलोशिप

(B) उस्ताद अलाउद्दीन खाँ फैलोशिप

(C) चक्रधर फैलोशिप

(D) अमृता शेरगिल फैलोशिप

444. माखनलाल चतुर्वेदी ने किस समाचार-पत्र का प्रकाशन किया था?

(A) राष्ट्रीय चेतना   (B) कर्मवीर

(C) युगांतर   (D) दहकते अंगार

445. 'निराला सृजनपीठ' कहाँ स्थित है?

(A) विक्रम विश्वविद्यालय, उज्जैन

(B) बरकतुल्ला विश्वविद्यालय, भोपाल

(C) हरिसिंह गौर विश्वविद्यालय, सागर

(D) अहिल्याबाई विश्वविद्यालय, इंदौर

446. प्रसिद्ध फिल्मी कलाकार अशोक कुमार कहाँ के रहनेवाले थे?

(A) ग्वालियर   (B) खंडवा

(C) होशंगाबाद   (D) जबलपुर

447. प्रसिद्ध बौद्ध स्थल साँची किस नदी के तट पर स्थित है?

उत्तर के लिए कृपया पृष्ठ सं. 141 देखें।

(A) सोन   (B) बेतवा

(C) चंबल   (D) क्षिप्रा

448. श्रीनरेश मेहता का जन्म कहाँ हुआ था?

(A) इंदौर   (B) शाजापुर

(C) सागर   (D) उज्जैन

449. संगीतकार अलाउद्दीन खाँ किस स्थान से संबंधित थे?

(A) इंदौर   (B) मैहर

(C) ग्वालियर   (D) देवास

450. वर्ष 2008–09 के लिए मध्य प्रदेश सरकार का प्रतिष्ठित 'किशोर कुमार सम्मान' किसे प्रदान किया गया?

(A) देवानंद   (B) अमिताभ बच्चन

(C) बप्पी लहरी   (D) गुलशन बावरा

451. 23 अगस्त, 2001 को भोपाल के 'रवींद्र भवन' में आयोजित एक समारोह में मध्य प्रदेश शासन का 'माणिक चंद्र वाजपेयी राष्ट्रीय पत्रकारिता पुरस्कार' 2008 किसे प्रदान किया गया?

(A) हामिद अंसारी   (B) प्रतिभा पाटिल

(C) भैरोंसिंह शेखावत   (D) रमाशंकर अग्निहोत्री

452. मध्य प्रदेश में पहला हिंदी समाचार-पत्र 'मालवा अखबार' इंदौर से किस सन् में शुरू हुआ था?

(A) सन् 1857   (B) सन् 1848

(C) सन् 1885   (D) सन् 1888

453. मध्य प्रदेश का पहला समाचार-पत्र ग्वालियर अखबार साप्ताहिक था। इसका प्रकाशन सन् 1840 में प्रारंभ हुआ था। यह समाचार-पत्र किस भाषा में प्रकाशित होता था?

(A) उर्दू   (B) फारसी

(C) हिंदी व उर्दू दोनों में   (D) हिंदी

454. कवि एवं स्वतंत्रता सेनानी माखनलाल चतुर्वेदी अपना समाचार-पत्र 'कर्मवीर' कहाँ से निकालते थे?

(A) भोपाल   (B) इंदौर

(C) खंडवा   (D) देवास

उत्तर के लिए कृपया पृष्ठ सं. 141 देखें।

455. मध्य प्रदेश का प्रथम दैनिक समाचार 'दैनिक नवजीवन' सन् 1939 में प्रकाशित होना शुरू हुआ। इसका प्रकाशन किस नगर से होता था?
    (A) इंदौर
    (B) ग्वालियर
    (C) भोपाल
    (D) जबलपुर

456. मध्य प्रदेश से प्रकाशित होने वाला पहला समाचार-पत्र निम्नलिखित में से कौन सा है?
    (A) कर्मवीर
    (B) नई दुनिया
    (C) मालवा अखबार
    (D) ग्वालियर अखबार

457. मध्य प्रदेश में कितने विश्वविद्यालय हैं?
    (A) 11
    (B) 12
    (C) 13
    (D) 14

458. मध्य प्रदेश के आदिम जाति कल्याण विभाग द्वारा जनजातीय प्रतिभाओं को प्रोत्साहन देने के उद्देश्य से एक लाख रुपए का 'पहला जननायक टंट्या भील सम्मान-2008' किसे प्रदान किया गया था?
    (A) राजेंद्र अनुरागी
    (B) ईश्वर दास रौहाणी
    (C) राजाराम मौर्य
    (D) इनमें से कोई नहीं

459. राष्ट्रीय पत्रकारिता विश्वविद्यालय संस्थान, भोपाल की स्थापना कब की गई?
    (A) 16 जनवरी, 1990
    (B) 17 जनवरी, 1990
    (C) 16 जनवरी, 1991
    (D) 17 मार्च, 1991

460. मध्य प्रदेश सरकार द्वारा दिए जाने वाले पुरस्कारों/सम्मानों में कौन सा सम्मिलित नहीं किया जा सकता है?
    (A) आर्यभट्ट सम्मान
    (B) तानसेन सम्मान
    (C) तुलसी सम्मान
    (D) कालिदास सम्मान

461. 'करमा नृत्य' किस जनजाति से संबंधित है?
    (A) गोंड
    (B) मारिया
    (C) कोल
    (D) भील

462. मध्य प्रदेश का 'राज्य वृक्ष' है—
    (A) बबूल
    (B) बरगद
    (C) पीपल
    (D) शीशम

उत्तर के लिए कृपया पृष्ठ सं. 141 देखें।

463. मध्य प्रदेश का एकमात्र खेल-कूद साप्ताहिक 'खेल हलचल' कहाँ से प्रकाशित होता है ?
 (A) ग्वालियर   (B) इंदौर
 (C) भोपाल   (D) रायपुर

464. 'राष्ट्रीय रामलीला मेला' मध्य प्रदेश के किस नगर में आयोजित किया जाता है ?
 (A) बालाघाट   (B) जबलपुर
 (C) भोपाल   (D) शिवपुरी

465. मध्य प्रदेश का एकमात्र यूनानी चिकित्सा महाविद्यालय कहाँ स्थित है ?
 (A) होशंगाबाद   (B) ग्वालियर
 (C) इंदौर   (D) बुरहानपुर

466. मध्य प्रदेश सरकार ने वर्ष 2007-08 के लिए इकबाल मजीद को किस सम्मान से पुरस्कृत किया है ?
 (A) तुलसी सम्मान
 (B) तानसेन सम्मान
 (C) इकबाल सम्मान
 (D) जवाहर लाल नेहरू सम्मान

467. मध्य प्रदेश सरकार लोक कलाओं के लिए निम्नलिखित में से कौन सी फैलोशिप प्रदान करती है ?
 (A) चक्रधर फैलोशिप   (B) अलाउद्दीन खाँ फैलोशिप
 (C) अमृता शेरगिल फैलोशिप   (D) श्रीकांत वर्मा फैलोशिप

468. मध्य प्रदेश शासन ने 2008-09 का 'लता मंगेशकर राष्ट्रीय सम्मान' किसे दिया है ?
 (A) श्री रवि   (B) श्री सुभाष मुखोपाध्याय
 (C) श्री शमशेर बहादुर   (D) श्री गोपाल कृष्ण अडिगा

469. मध्य प्रदेश के किस स्थान पर 'जोगेश्वरी देवी का मेला' आयोजित होता है ?
 (A) घोघरा (सीधी)   (B) भांडेर (ग्वालियर)
 (C) चंदेरी (गुना)   (D) पोरसा (मुरैना)

470. मध्य प्रदेश के निम्नलिखित जिलों में से किसमें बुंदेली भाषा प्रयोग नहीं की जाती है ?

उत्तर के लिए कृपया पृष्ठ सं. 141 देखें।

(A) गुना   (B) रीवा

(C) शिवपुरी   (D) दतिया

471. 'मध्य प्रदेश फिल्म विकास निगम' की स्थापना कब की गई थी?

(A) 1986   (B) 1981

(C) 1980   (D) 1972

472. 'अमृता शेरगिल फैलोशिप' मध्य प्रदेश शासन द्वारा किस क्षेत्र के लिए प्रदान की जाती है?

(A) रूपंकर कला   (B) संगीत

(C) साहित्य   (D) नृत्य

473. वर्ष 2006-07 का शास्त्रीय नृत्य के क्षेत्र का 'कालिदास सम्मान' किसे प्रदान किया गया?

(A) रवींद्र जैन   (B) सोनल मानसिंह

(C) कुमुदिनी लाखिया   (D) प्रयाग शुक्ल

474. वर्ष 2007-08 का 'कुमार गंधर्व सम्मान' किसे प्रदान किया गया है?

(A) कला रामनाथ   (B) अलीशा चिनाय

(C) महेश श्रीवास्तव   (D) ए.एच. कुरैशी

475. मध्य प्रदेश का प्रमुख साप्ताहिक 'अहिल्या वाणी' राज्य के किस नगर से प्रकाशित होता है?

(A) जबलपुर   (B) भोपाल

(C) सागर   (D) इंदौर

476. मध्य प्रदेश के कुछ प्रमुख समाचार-पत्रों व उनके प्रकाशन स्थलों के युग्मों में कौन सा गलत है?

(A) नवीन दुनिया—जबलपुर

(B) हिंदी हेरल्ड—उज्जैन

(C) नई दुनिया—इंदौर

(D) एम.पी. क्रॉनिकल—भोपाल

477. निम्नलिखित समाचार-पत्र तथा उनके प्रकाशन स्थान से संबंधित गलत जोड़ा बताइए—

(A) ब्लैक टाइगर—सागर   (B) अवंतिका—इंदौर

(C) अंजाम—दतिया   (D) अमृत मंथन—देवास

उत्तर के लिए कृपया पृष्ठ सं. 141 देखें।

478. मध्य प्रदेश प्रशासन सुगम संगीत के क्षेत्र में कौन सा पुरस्कार/सम्मान प्रदान करता है?
    (A) तुलसी सम्मान
    (B) लता मंगेशकर पुरस्कार
    (C) इकबाल सम्मान
    (D) कालिदास सम्मान

479. मध्य प्रदेश के भोपाल नगर में स्थित 'रवींद्र भवन' क्या है?
    (A) विशाल भवन
    (B) विशाल सभागृह
    (C) विशाल संग्रहालय
    (D) इनमें से कोई नहीं

480. मध्य प्रदेश में 'कविता एशिया' नामक आयोजन में 18 एशियाई देशों के 32 कवियों ने भाग लिया था, बताइए यह आयोजन कब व कहाँ हुआ था?
    (A) 1988 भोपाल
    (B) 1985 रायपुर
    (C) 1978 इंदौर
    (D) 1975 ग्वालियर

481. मध्य प्रदेश की प्रमुख अकादमियों व उनकी स्थापना वर्ष के युग्मों में कौन सा गलत है?
    (A) सिंधी अकादमी   1983
    (B) संगीत अकादमी   1978
    (C) कालिदास अकादमी   1974
    (D) उर्दू अकादमी   1976

482. 'मध्य प्रदेश फिल्म विकास निगम' की स्थापना कब की गई थी?
    (A) 1986
    (B) 1981
    (C) 1980
    (D) 1972

483. मध्य प्रदेश के किस नगर में 1992 में 'सिंहस्थ मेला' आयोजित किया गया था?
    (A) उज्जैन
    (B) इंदौर
    (C) भोपाल
    (D) अमरकंटक

484. निम्नलिखित समाचार-पत्र व उनके प्रकाशन केंद्र का कौन सा युग्म सही है?
    (A) नई विधा—नीमच
    (B) नवीन दुनिया—इंदौर
    (C) नव प्रभात—ग्वालियर
    (D) नव प्रभात—उज्जैन

485. मध्य प्रदेश शासन ने 2008-09 का 'लता मंगेशकर राष्ट्रीय सम्मान' किसे दिया?
    (A) श्री शमशेर
    (B) श्री सुभाष मुखोपाध्याय

उत्तर के लिए कृपया पृष्ठ सं. 141 व 142 देखें।

(C) श्री रवि (D) श्री गोपाल कृष्ण अडिगा

486. मध्य प्रदेश में 'कबीर सम्मान' किस क्षेत्र में दिया जाता है?
(A) भारतीय कविता (B) हिंदी कविता
(C) उर्दू साहित्य (D) व्यंग्य लेखन

487. 'मैथिली शरण गुप्त सम्मान' किस क्षेत्र में दिया जाता है?
(A) भारतीय कविता (B) कहानी
(C) उपन्यास (D) हिंदी कविता

488. किस क्षेत्र के लिए 'तुलसी सम्मान' दिया जाता है?
(A) उर्दू साहित्य (B) रूपंकर कलाएँ
(C) नाटक एवं एकांकी (D) लोक एवं पारंपरिक कलाएँ

489. युवा शास्त्रीय संगीतकार क्षेत्र के लिए कौन सा सम्मान दिया जाता है?
(A) इकबाल सम्मान (B) तुलसी सम्मान
(C) कुमार गंधर्व सम्मान (D) शरद जोशी सम्मान

490. हिंदी व्यंग्य लेखन के लिए कौन सा सम्मान प्रदान किया जाता है?
(A) महात्मा गांधी सम्मान (B) कालिदास सम्मान
(C) शरद जोशी सम्मान (D) तुलसी सम्मान

491. गांधी दर्शन के अनुरूप सामाजिक कार्य करने के लिए कौन सा सम्मान दिया जाता है?
(A) देवी अहिल्याबाई सम्मान
(B) महात्मा गांधी सम्मान
(C) कबीर सम्मान
(D) तानसेन सम्मान

492. 'भवानी प्रसाद मिश्र पुरस्कार' साहित्य की किस विधा के लिए प्रदान किया जाता है?
(A) उपन्यास (B) कहानी
(C) आलोचना (D) कविता

493. कहानी के क्षेत्र में किस पुरस्कार से नवाजा जाता है?
(A) रामचंद्र शुक्ल पुरस्कार
(B) सेठ गोविंददास पुरस्कार

उत्तर के लिए कृपया पृष्ठ सं. 142 देखें।

(C) गजानन माधव मुक्तिबोध पुरस्कार

(D) माखनलाल चतुर्वेदी पुरस्कार

494. 'सेठ गोविंद दास पुरस्कार' किस क्षेत्र में दिया जाता है ?

    (A) नाटक एवं एकांकी   (B) आलोचना

    (C) आत्मकथा   (D) कहानी

495. 'ईसुरी पुरस्कार' किस क्षेत्र के लिए प्रदान किया जाता है ?

    (A) लोकभाषा कृति   (B) व्यंग्य

    (C) संगीत   (D) आत्मकथा

496. आलोचना के लिए कौन सा पुरस्कार दिया जाता है ?

    (A) हरिकृष्ण प्रेमी पुरस्कार   (B) राजेंद्र माथुर पुरस्कार

    (C) रामचंद्र शुक्ल पुरस्कार   (D) विश्वनाथ सिंह पुरस्कार

497. 'किशोर कुमार सम्मान' किस क्षेत्र के लिए दिया जाता है ?

    (A) संगीत   (B) रूपंकर कलाएँ

    (C) शास्त्रीय नृत्य   (D) रंगकर्म

498. श्रीनरेश मेहता की जन्मतिथि क्या है ?

    (A) 15 जनवरी, 1922   (B) 20 जनवरी, 1922

    (C) 30 जनवरी, 1922   (D) 15 फरवरी, 1922

499. श्रीनरेश मेहता का निधन कब हुआ ?

    (A) 2 नवंबर, 2000   (B) 17 नवंबर, 2000

    (C) 22 नवंबर, 2000   (D) 30 नवंबर, 2000

500. श्रीनरेश मेहता को भारतीय ज्ञानपीठ पुरस्कार किस वर्ष प्रदान किया गया ?

    (A) 1968   (B) 1972

    (C) 1982   (D) 1992

501. वर्ष 1983 में श्रीनरेश मेहता को कौन सा पुरस्कार दिया गया ?

    (A) मध्य प्रदेश शिखर सम्मान   (B) भारत भारती सम्मान

    (C) सारस्वत सम्मान   (D) इनमें से कोई नहीं

502. मध्य प्रदेश शिखर सम्मान से श्रीनरेश मेहता को कब सम्मानित किया गया ?

    (A) 1984 में   (B) 1983 में

    (C) 1982 में   (D) 1981 में

उत्तर के लिए कृपया पृष्ठ सं. 142 देखें।

503. उत्तर प्रदेश हिंदी संस्थान द्वारा दिया जानेवाला भारत भारती सम्मान श्रीनरेश मेहता को किस वर्ष प्रदान किया गया?

(A) 1981   (B) 1983
(C) 1984   (D) 1985

504. श्रीनरेश मेहता का प्रथम काव्य संकलन कौन सा है?

(A) देखना एक दिन   (B) बनपाखी सुनो
(C) शबरी   (D) अरण्या

505. मंगलाप्रसाद पारितोषिक श्रीनरेश मेहता को किस वर्ष प्राप्त हुआ?

(A) 1984 में   (B) 1985 में
(C) 1986 में   (D) इनमें से कोई नहीं

506. श्रीकांत वर्मा के साथ श्रीनरेश मेहता ने किस पत्रिका का संपादन किया?

(A) नई कहानी   (B) कृति
(C) हंस   (D) इनमें से कोई नहीं

507. श्रीनरेश मेहता ने किस समाचार-पत्र में प्रधान संपादक के रूप में कार्य किया?

(A) नवभारत   (B) नवजीवन
(C) नई दुनिया   (D) इनमें से कोई नहीं

508. संपादक के रूप में कार्य करते हुए श्रीनरेश मेहता कौन सा कॉलम लिखते थे?

(A) प्रतिदिन   (B) परख
(C) आकलन   (D) प्रति सप्ताह

509. श्रीनरेश मेहता को साहित्य अकादमी पुरस्कार उनकी किस कृति को प्रदान किया गया?

(A) बनपाखी सुनो   (B) उत्सवा
(C) अरण्या   (D) देखना एक दिन

510. 'संशय की एक रात' में श्रीनरेश मेहता ने किस मिथकीय चरित्र का चित्रण किया है?

(A) इंद्र   (B) विष्णु
(C) कृष्ण   (D) राम

511. खंड काव्य 'महाप्रस्थान' मानव मुक्ति के प्रतीक कौन है?

उत्तर के लिए कृपया पृष्ठ सं. 142 देखें।

(A) युधिष्ठिर (B) भीम
(C) भीष्म (D) विदुर

512. 'साधु न चलै जमात' की श्रीनरेश मेहता ने किस विधा में रचना की है?
(A) कविता (B) कहानी
(C) उपन्यास (D) यात्रा-वृत्त

513. आचार्य केशवदास का जन्म मध्य प्रदेश में किस स्थान पर हुआ था?
(A) शिवपुरी (B) शहडोल
(C) ओरछा (D) मंडला

514. आचार्य केशव को किस अन्य नाम से जाना जाता है?
(A) सितारे हिंद (B) कठिन काव्य का प्रेत
(C) उपन्यास सम्राट् (D) इनमें से कोई नहीं

515. आचार्य केशव रचित अब तक कितने ग्रंथों का पता चल सका है?
(A) 7 (B) 8
(C) 9 (D) 10

516. आचार्य केशव की प्रमुख रचना कौन सी है?
(A) नख-शिख वर्णन (B) रामचंद्रिका
(C) रसिक प्रिया (D) कविप्रिया

517. कवि पद्माकर का जन्म किस स्थान पर हुआ था?
(A) इंदौर (B) उज्जैन
(C) सागर (D) भोपाल

518. कवि पद्माकर का वास्तविक नाम क्या था?
(A) प्यारेलाल (B) पुन्नीलाल
(C) शिवनाथ (D) इनमें से कोई नहीं

519. कवि पद्माकर का जन्म कब हुआ था?
(A) 1750 में (B) 1753 में
(C) 1756 में (D) 1759 में

520. कवि पद्माकर की मृत्यु किस सन् में हुई?
(A) 1833 ई. (B) 1836 ई.
(C) 1839 ई. (D) 1840 ई.

521. माखनलाल चतुर्वेदी का जन्म किस सन् में हुआ था?

उत्तर के लिए कृपया पृष्ठ सं. 142 देखें।

(A) 4 अप्रैल, 1889   (B) 4 मई, 1889

(C) 5 जून, 1889   (D) 15 जून, 1889

522. माखनलाल चतुर्वेदी का जन्म-स्थान कहाँ है?

(A) उज्जैन

(B) खंडवा (वर्तमान बुरहानपुर)

(C) रायसेन   (D) धार

523. 1913 में माखनलाल चतुर्वेदी किस पत्रिका के संपादक बने?

(A) प्रभा   (B) नवजीवन

(C) नवनीत   (D) इनमें से कोई नहीं

524. माखनलाल चतुर्वेदी की किस रचना को साहित्य अकादमी पुरस्कार प्रदान किया गया?

(A) हिमकिरीटिनी   (B) मरण ज्वार

(C) हिमतरंगिणी   (D) धूम्रवलय

525. 1919 में माखनलाल चतुर्वेदी ने किस पत्र का संपादन किया?

(A) नवजीवन   (B) केसरी

(C) कर्मवीर   (D) इनमें से कोई नहीं

526. 'कृष्णार्जुन युद्ध' किस विधा में में लिखा गया है?

(A) काव्य   (B) कहानी

(C) निबंध   (D) नाटक

527. हिंदी साहित्य सम्मेलन की अध्यक्षता माखनलाल चतुर्वेदी ने किस सन् में की?

(A) 1924 में   (B) 1922 में

(C) 1927 में   (D) 1943 में

528. गजानन माधव मुक्तिबोध का जन्म किस वर्ष हुआ?

(A) 13 सितंबर, 1917   (B) 13 अक्तूबर, 1917

(C) 13 नवंबर, 1917   (D) 13 दिसंबर, 1917

529. मुक्तिबोध का निधन कब हुआ?

(A) 11 सितंबर, 1964   (B) 11 अक्तूबर, 1964

(C) 11 नवंबर, 1964   (D) 11 दिसंबर, 1964

530. मुक्तिबोध का जन्म किस स्थान पर हुआ?

उत्तर के लिए कृपया पृष्ठ सं. 142 देखें।

(A) ग्वालियर   (B) इंदौर

(C) श्योपुर   (D) शहडोल

531. मुक्तिबोध का देहांत किस स्थान पर हुआ?

(A) होशंगाबाद   (B) राजनांदगाँव

(C) कटनी   (D) इनमें से कोई नहीं

532. 'एक साहित्यिक की डायरी' के रचनाकार कौन हैं?

(A) बालकृष्ण शर्मा 'नवीन'   (B) हरिशंकर परसाई

(C) गजानन माधव 'मुक्तिबोध'   (D) निराला

533. 'बढ़ जाता है मान वीर का, रण में बलि होने से,
मूल्यवती होती सोने की, भस्म यथा सोने से।'
उक्त पंक्तियों की रचना किसने की है?

(A) महादेवी वर्मा   (B) सुभद्रा कुमारी चौहान

(C) निराला   (D) अज्ञेय

534. 'चरणों पर अर्पित है इनको चाहो तो स्वीकार करो।
यह तो वस्तु तुम्हारी ही है, ठुकरा दो या प्यार करो।'
उक्त पंक्ति के लेखक कौन हैं?

(A) सुभद्रा कुमारी चौहान   (B) महादेवी वर्मा

(C) शिवमंगल सिंह 'सुमन'   (D) इनमें से कोई नहीं

535. बालकृष्ण शर्मा 'नवीन' का जन्म कब हुआ था?

(A) 5 दिसंबर, 1897   (B) 6 दिसंबर, 1897

(C) 7 दिसंबर, 1897   (D) 8 दिसंबर, 1897

536. बालकृष्ण शर्मा 'नवीन' का जन्म मध्य प्रदेश के किस स्थान पर हुआ था?

(A) ग्वालियर   (B) इंदौर

(C) भोपाल   (D) मांडू

537. बालकृष्ण शर्मा 'नवीन' का देहांत कब हुआ?

(A) 27 अप्रैल, 1960   (B) 28 अप्रैल, 1960

(C) 29 अप्रैल, 1960   (D) 30 अप्रैल, 1960

538. बालकृष्ण शर्मा 'नवीन' ने किस महाकाव्य की रचना की?

(A) साकेत   (B) उर्मिला

(C) कामायनी   (D) इनमें से कोई नहीं

उत्तर के लिए कृपया पृष्ठ सं. 142 व 143 देखें।

539. 'कामायनी—एक पुनर्विचार' का रचनाकार कौन है ?
   (A) मुक्तिबोध
   (B) बालकृष्ण शर्मा 'नवीन'
   (C) हरिशंकर परसाई
   (D) इनमें से कोई नहीं

540. मुक्तिबोध रचित उपन्यास का नाम क्या है ?
   (A) बूँद और समुद्र
   (B) सुनीता
   (C) सुखदा
   (D) विपात्र

541. मुक्तिबोध की 'काठ का सपना' नामक रचना किस विधा में लिखी गई है ?
   (A) कविता
   (B) महाकाव्य
   (C) कहानी
   (D) उपन्यास

542. 'काठ का सपना' के अतिरिक्त मुक्तिबोध के दूसरे कहानी-संग्रह का नाम क्या है ?
   (A) पिंजरा
   (B) चिता के फूल
   (C) मानुषी
   (D) सतह से उठता आदमी

543. गिरिजा कुमार माथुर का जन्म कब हुआ ?
   (A) 22 अगस्त, 1919
   (B) 22 सितंबर, 1919
   (C) 22 अक्तूबर, 1919
   (D) 22 नवंबर, 1919

544. गिरिजा कुमार माथुर का जन्म मध्य प्रदेश में कहाँ हुआ ?
   (A) श्योपुर
   (B) गुना
   (C) शहडोल
   (D) खंडवा

545. गिरिजा कुमार माथुर का निधन किस वर्ष हुआ ?
   (A) 10 जनवरी, 1992
   (B) 10 जनवरी, 1993
   (C) 10 जनवरी, 1994
   (D) 10 जनवरी, 1995

546. गिरिजा कुमार माथुर किस पत्रिका के संपादक रहे ?
   (A) हंस
   (B) समकालीन भारतीय साहित्य
   (C) ज्ञानोदय
   (D) गगनांचल

547. गिरिजा कुमार माथुर का प्रथम कविता संग्रह कौन सा है ?
   (A) धूप के धान
   (B) नाश और निर्माण
   (C) मंजीर
   (D) कल्पांतर

548. गिरिजा कुमार माथुर की कृति 'जनम कैद' क्या है ?

उत्तर के लिए कृपया पृष्ठ सं. 143 देखें।

(A) कविता   (B) कहानी
(C) उपन्यास   (D) नाटक

549. 'चाँद का मुँह टेढ़ा है' किसके द्वारा लिखी गई?
(A) बालकृष्ण शर्मा 'नवीन'   (B) हरिशंकर परसाई
(C) गजानन माधव मुक्तिबोध   (D) प्रभाकर श्रोत्रिय

550. ठाकुर जगन्मोहन सिंह का जन्म मध्य प्रदेश में कहाँ हुआ?
(A) रायसेन   (B) विजयराघवगढ़
(C) अवंतीपुर   (D) उज्जैन

551. ठाकुर जगन्मोहन सिंह का जन्म किस सन् में हुआ था?
(A) 1855   (B) 1856
(C) 1857   (D) 1858

552. ठाकुर जगन्मोहन सिंह का जन्म किस परिवार में हुआ था?
(A) साधारण परिवार   (B) मध्यम परिवार
(C) गरीब परिवार   (D) राजघराना

553. ठाकुर जगन्मोहन सिंह का निधन कब हुआ?
(A) 4 मार्च, 1899   (B) 4 अप्रैल, 1899
(C) 4 मई, 1899   (D) 4 जून, 1899

554. ठाकुर जगन्मोहन सिंह के प्रथम उपन्यास का नाम क्या था?
(A) मेघदूत   (B) मानस संपत्ति
(C) श्यामास्वप्न   (D) कुमार संभव

555. पं. भवानी प्रसाद मिश्र की जन्मतिथि क्या है?
(A) 23 मार्च, 1914   (B) 23 अप्रैल, 1914
(C) 23 मई, 1914   (D) 23 जून, 1914

556. पं. भवानी प्रसाद मिश्र की प्रमुख रचना कौन सी है?
(A) अपलक   (B) भूरी-भूरी खाक धूल
(C) गीत फरोश   (D) इनमें से कोई नहीं

557. पं. भवानी प्रसाद मिश्र का परलोक गमन किस सन् में हुआ?
(A) 1985   (B) 1986
(C) 1987   (D) 1988

558. पं. भवानी प्रसाद मिश्र का जन्म मध्य प्रदेश में कहाँ हुआ?

उत्तर के लिए कृपया पृष्ठ सं. 143 देखें।

(A) खंडवा　　　　　　　　(B) इंदौर

(C) भोपाल　　　　　　　　(D) होशंगाबाद

559. व्यंग्य लेखक हरिशंकर परसाई का जन्म कब हुआ?

(A) 22 अगस्त, 1924　　　　(B) 23 अगस्त, 1924

(C) 24 अगस्त, 1924　　　　(D) 25 अगस्त, 1924

560. परसाई जी ने कौन सी साहित्यिक मासिक पत्रिका निकाली?

(A) हंस　　　　　　　　　(B) पूर्वग्रह

(C) वागर्थ　　　　　　　　(D) वसुधा

561. परसाई जी किस पत्रिका के संपादक रहे?

(A) वागर्थ　　　　　　　　(B) हंस

(C) प्रहरी　　　　　　　　(D) इनमें से कोई नहीं

562. परसाई जी का देहांत कब हुआ?

(A) 5 अगस्त, 1995　　　　(B) 10 अगस्त, 1995

(C) 15 अगस्त, 1995　　　　(D) 20 अगस्त, 1995

563. 'रानी नागफनी की कहानी' हरिशंकर परसाई की किस विधा में लिखी गई रचना है?

(A) कविता　　　　　　　　(B) व्यंग्य

(C) कहानी　　　　　　　　(D) उपन्यास

564. हरिशंकर परसाई के कितने कहानी-संग्रह हैं?

(A) 2　　　　　　　　　　(B) 3

(C) 4　　　　　　　　　　(D) 5

565. 'तट की खोज' के लेखक कौन हैं?

(A) भवानी प्रसाद मिश्र　　　(B) गजानन माधव मुक्तिबोध

(C) हरिशंकर परसाई　　　　(D) शरद जोशी

566. शरद जोशी का जन्म मध्य प्रदेश में किस स्थान पर हुआ?

(A) भोपाल　　　　　　　　(B) होशंगाबाद

(C) ग्वालियर　　　　　　　(D) उज्जैन

567. शरद जोशी की जन्मतिथि क्या है?

(A) 5 अगस्त, 1915　　　　(B) 21 मई, 1896

(C) 21 मई, 1931　　　　　(D) इनमें से कोई नहीं

उत्तर के लिए कृपया पृष्ठ सं. 142 व 143 देखें।

568. 'नई दुनिया' में शरद जोशी कौन सा कॉलम लिखते थे?
    (A) खरी-खरी   (B) परिक्रमा
    (C) पिछले दिनों   (D) इनमें से कोई नहीं

569. शरद जोशी मुंबई से प्रकाशित किस पत्र के संपादक रहे?
    (A) महानगर   (B) नवभारत
    (C) हिंदी एक्सप्रेस   (D) मिड डे

570. भारत सरकार ने शरद जोशी को किस पुरस्कार से सम्मानित किया?
    (A) हिंदी सेवी पुरस्कार   (B) व्यंग्यश्री पुरस्कार
    (C) काका हाथरसी पुरस्कार (D) पद्मश्री

571. शरद जोशी का देहांत कब हुआ?
    (A) सितंबर 1991   (B) अक्तूबर 1991
    (C) नवंबर 1991   (D) दिसंबर 1991

572. शरद जोशी के कहानी-संग्रह का नाम क्या है?
    (A) दूसरी सतह   (B) परिक्रमा
    (C) पिछले दिनों   (D) तिलिस्म

573. शरद जोशी रचित 'मैं, मैं और केवल मैं' किस विधा में लिखा गया है?
    (A) काव्य   (B) कहानी
    (C) उपन्यास   (D) नाटक

574. 'एक था गधा' नाटक के लेखक कौन हैं?
    (A) हरिशंकर परसाई   (B) श्रीनरेश मेहता
    (C) राजेंद्र माथुर   (D) शरद जोशी

575. मध्य प्रदेश शासन ने किस सम्मान को प्रारंभ करके हिंदी व्यंग्य को सम्मानित किया है?
    (A) व्यंग्यश्री   (B) काका हाथरसी पुरस्कार
    (C) शरद जोशी सम्मान   (D) इनमें से कोई नहीं

576. 'हँसते हैं रोते हैं' कहानी-संग्रह के लेखक कौन हैं?
    (A) अमृतलाल नागर   (B) शरद जोशी
    (C) सुभद्रा कुमारी चौहान (D) हरिशंकर परसाई

577. 'जैसे उनके दिन फिरे' हरिशंकर परसाई द्वारा किस विधा में लिखी गई है?
    (A) काव्य   (B) नाटक

उत्तर के लिए कृपया पृष्ठ सं. 143 देखें।

(C) व्यंग्य (D) कहानी

578. उर्दू साहित्य जगत् में भोपाल को किस लेखक के कारण जाना जाता है?
(A) गालिब (B) फैज
(C) मुल्ला रमूजी (D) फिराक गोरखपुरी

579. मुल्ला रमूजी का जन्म भोपाल में कब हुआ था?
(A) 21 मई, 1896 (B) 21 मई, 1897
(C) 21 मई, 1898 (D) 21 मई, 1899

580. मुल्ला रमूजी की पहली पुस्तक 'गुलाबी उर्दू' कब प्रकाशित हुई?
(A) 1920 में (B) 1921 में
(C) 1922 में (D) 1923 में

581. मुल्ला रमूजी का देहावसान कब हुआ?
(A) 10 जनवरी, 1950 (B) 10 जनवरी, 1951
(C) 10 जनवरी, 1952 (D) 10 जनवरी, 1953

582. शिवमंगल सिंह 'सुमन' की प्रारंभिक शिक्षा कहाँ हुई?
(A) ग्वालियर (B) इंदौर
(C) उज्जैन (D) रीवा

583. शिवमंगल सिंह 'सुमन' ने अपना अध्यापकीय जीवन कहाँ से आरंभ किया?
(A) रीवा (B) इंदौर
(C) ग्वालियर (D) उज्जैन

584. विक्रम विश्वविद्यालय, उज्जैन में शिवमंगल सिंह 'सुमन' कब तक कुलपति रहे?
(A) 1956–61 (B) 1961–68
(C) 1968–78 (D) इनमें से कोई नहीं

585. शिवमंगल सिंह 'सुमन' काठमांडू स्थित भारतीय दूतावास में सांस्कृतिक दूत किस अवधि में रहे?
(A) 1956–61 (B) 1961–68
(C) 1968–78 (D) इनमें से कोई नहीं

586. शिवमंगल सिंह 'सुमन' का देहावसान कब हुआ?
(A) 27 नवंबर, 2002 (B) 28 नवंबर, 2002

उत्तर के लिए कृपया पृष्ठ सं. 143 देखें।

(C) 29 नवंबर, 2002   (D) 30 नवंबर, 2002

587. 'प्रकृति पुरुष कालिदास' शिवमंगल सिंह 'सुमन' ने किस विधा में लिखा है ?
(A) काव्य
(B) गद्य
(C) गद्य-पद्य
(D) नाटक

588. मध्य प्रदेश शासन द्वारा सन् 1958 में शिवमंगल सिंह 'सुमन' की किस रचना पर देव पुरस्कार प्रदान किया गया ?
(A) वाणी की व्यथा
(B) कटे अँगूठे की बंदनवारें
(C) विश्वास बढ़ता ही गया
(D) हिल्लोल

589. वर्ष 1964 में उत्तर प्रदेश शासन द्वारा शिवमंगल सिंह 'सुमन' की किस रचना पर नवीन पुरस्कार दिया गया ?
(A) हिल्लोल
(B) विश्वास बढ़ता ही गया
(C) मिट्टी की बरात
(D) पर आँखें नहीं भरीं

590. नवंबर 1974 में शिवमंगल सिंह 'सुमन' की किस रचना को सोवियत लैंड नेहरू पुरस्कार से सम्मानित किया गया ?
(A) मिट्टी की बरात
(B) हिल्लोल
(C) विश्वास बढ़ता ही गया
(D) वाणी की व्यथा

591. दिसंबर 1974 में शिवमंगल सिंह 'सुमन' के किस काव्य संग्रह को साहित्य अकादमी पुरस्कार प्राप्त हुआ ?
(A) प्रलय सृजन
(B) जीवन के गान
(C) विंध्य हिमालय
(D) मिट्टी की बरात

592. 'कह दे अतीत अब मौन त्याग
लंके! तुझमें क्यों आग लगी ?
ए कुरुक्षेत्र! अब जाग जाग,
बतला अपने अनुभव अनंत,
वीरों का कैसा हो वसंत !'
उक्त पंक्तियों का रचनाकार कौन है ?
(A) भवानी प्रसाद मिश्र
(B) महादेवी वर्मा
(C) सुभद्रा कुमारी चौहान
(D) बालकृष्ण शर्मा 'नवीन'

593. जगदीश चतुर्वेदी का जन्म कब हुआ ?

उत्तर के लिए कृपया पृष्ठ सं. 143 देखें।

(A) 12 जनवरी, 1933   (B) 13 जनवरी, 1933
(C) 14 जनवरी, 1933   (D) इनमें से कोई नहीं

594. जगदीश चतुर्वेदी का जन्म मध्य प्रदेश में किस स्थान पर हुआ?
(A) भोपाल   (B) इंदौर
(C) निमाड़   (D) ग्वालियर

595. जगदीश चतुर्वेदी की काव्यकृति 'इतिहासहंता' पर कौन सा पुरस्कार प्राप्त हुआ?
(A) साहित्य अकादमी पुरस्कार
(B) अखिल भारतीय सूर पुरस्कार
(C) कालिदास सम्मान   (D) इनमें से कोई नहीं

596. श्रीकांत वर्मा का जन्म मध्य प्रदेश में किस स्थान पर हुआ?
(A) ग्वालियर   (B) रायसेन
(C) बिलासपुर   (D) इंदौर

597. श्रीकांत वर्मा का जन्म कब हुआ?
(A) 17 दिसंबर, 1931   (B) 18 दिसंबर, 1931
(C) 19 दिसंबर, 1931   (D) इनमें से कोई नहीं

598. मेहरून्निसा परवेज का जन्म मध्य प्रदेश में कहाँ हुआ?
(A) बालाघाट   (B) सतना
(C) नालाघाट   (D) ग्वालियर

599. मेहरून्निसा परवेज की पहली कहानी 1963 में किस पत्रिका में प्रकाशित हुई?
(A) साप्ताहिक हिंदुस्तान   (B) साप्ताहिक धर्मयुग
(C) सारिका   (D) सरिता

600. मेहरून्निसा परवेज की जन्मतिथि कौन सी है?
(A) 10 दिसंबर, 1944   (B) 15 दिसंबर, 1944
(C) 20 दिसंबर, 1944   (D) 25 दिसंबर, 1944

601. मेहरून्निसा परवेज की किस कहानी पर धारावाहिक का निर्माण हुआ?
(A) रिश्ते   (B) कुतुबमीनार
(C) जूठन   (D) अम्मा

उत्तर के लिए कृपया पृष्ठ सं. 143 व 144 देखें।

602. 'सुभद्रा कुमारी चौहान' पुरस्कार मेहरून्निसा परवेज को किस वर्ष प्राप्त हुआ?

(A) 1980   (B) 1995

(C) 1999   (D) इनमें से कोई नहीं

603. 'साहित्य भूषण सम्मान' से मेहरून्निसा परवेज को कब सम्मानित किया गया?

(A) 1995 में   (B) 1980 में

(C) 1999 में   (D) इनमें से कोई नहीं

604. 'आँखों की दहलीज' मेहरून्निसा परवेज की कृति किस विधा में लिखी गई है?

(A) कविता   (B) कहानी

(C) उपन्यास   (D) नाटक

605. 1980 में मेहरून्निसा परवेज को कौन सा पुरस्कार प्राप्त हुआ?

(A) साहित्य अकादमी

(B) महाराजा वीरसिंह जूदेव पुरस्कार

(C) हिंदी अकादमी

(D) इनमें से कोई नहीं

606. शानी का जन्म कब हुआ?

(A) 16 अप्रैल, 1933   (B) 16 मई, 1933

(C) 16 जून, 1933   (D) इनमें से कोई नहीं

607. शानी का वास्तविक नाम क्या है?

(A) गुल खाँ   (B) गुलाब खाँ

(C) गुलशेर खाँ   (D) इनमें से कोई नहीं

608. शानी का पहला कहानी-संग्रह कौन सा था?

(A) कस्तूरी   (B) साँप और सीढ़ी

(C) छोटे घेरे का विद्रोह   (D) बबूल की छाँव

609. शानी को मध्य प्रदेश सरकार का 'शिखर सम्मान' किस वर्ष मिला?

(A) 1980 में   (B) 1981 में

(C) 1983 में   (D) 1984 में

610. 1987 में शानी के किस उपन्यास पर सीरियल बना?

उत्तर के लिए कृपया पृष्ठ सं. 144 देखें।

(A) कस्तूरी   (B) साँप और सीढ़ी

(C) नदी और सीपियाँ   (D) काला जल

611. शानी का अंतकाल कब हुआ?

(A) 8 फरवरी, 1995   (B) 9 फरवरी, 1995

(C) 10 फरवरी, 1995   (D) 11 फरवरी, 1995

612. शानी का पहला कहानी-संग्रह कब प्रकाशित हुआ?

(A) 1956 में   (B) 1957 में

(C) 1958 में   (D) 1959 में

613. शानी का अंतिम कहानी-संग्रह कौन सा है?

(A) डाली नहीं फूलती   (B) युद्ध

(C) सड़क पार करते हुए   (D) जहाँपनाह जंगल

614. प्रभाष जोशी का जन्म कब हुआ?

(A) 15 जुलाई, 1936   (B) 15 अगस्त, 1936

(C) 15 सितंबर, 1936   (D) इनमें से कोई नहीं

615. मध्य प्रदेश के किस जिले में प्रभाष जोशी का जन्म हुआ?

(A) सतना   (B) जबलपुर

(C) सीहोर   (D) रायसेन

616. प्रभाष जोशी कौन सा कॉलम लिखा करते थे?

(A) खरी-खरी   (B) कागद कारे

(C) परिक्रमा   (D) प्रति सप्ताह

617. 'इंडियन एक्सप्रेस' में प्रभाष जोशी किस अवधि में स्थानीय संपादक रहे?

(A) 1980-81   (B) 1981-82

(C) 1981-83   (D) इनमें से कोई नहीं

618. 'मध्य प्रदेश' में प्रभाष जोशी ने किस सन् में काम किया?

(A) 1960-65   (B) 1965-67

(C) 1966-68   (D) इनमें से कोई नहीं

619. प्रभाष जोशी का देहांत कब हुआ?

(A) 4 नवंबर, 2009   (B) 5 नवंबर, 2009

(C) 6 नवंबर, 2009   (D) 7 नवंबर, 2009

620. माधव राव सप्रे की जन्मतिथि क्या है?

उत्तर के लिए कृपया पृष्ठ सं. 144 देखें।

(A) 16 जून, 1871   (B) 17 जून, 1871

(C) 18 जून, 1871   (D) 19 जून, 1871

621. माधवराव सप्रे ने एफ.ए. की परीक्षा कहाँ से उत्तीर्ण की?

(A) भोपाल   (B) इंदौर

(C) ग्वालियर   (D) रायपुर

622. माधवराव सप्रे ने मासिक 'छत्तीसगढ़ मित्र' का प्रकाशन कब प्रारंभ किया?

(A) जनवरी 1900   (B) फरवरी 1900

(C) मार्च 1900   (D) अप्रैल 1900

623. 'छत्तीसगढ़ मित्र' का प्रकाशन कब बंद हुआ?

(A) जनवरी 1902   (B) मई 1902

(C) अगस्त 1902   (D) दिसंबर 1902

624. माधवराव सप्रे ने मासिक 'हिंदी ग्रंथमाला' का प्रकाशन कब प्रारंभ किया?

(A) 1902 में   (B) 1904 में

(C) 1906 में   (D) 1908 में

625. सप्रेजी ने 'हिंदी केसरी' का प्रकाशन कब प्रारंभ किया?

(A) 13 अप्रैल, 1906 में   (B) 13 अप्रैल, 1907 में

(C) 13 अप्रैल, 1908 में   (D) 13 अप्रैल, 1909 में

626. सप्रेजी ने रायपुर में रामदासी मठ की स्थापना किस वर्ष की?

(A) 1906 में   (B) 1907 में

(C) 1908 में   (D) 1909 में

627. समर्थ रामदास कृत मराठी 'दास बोध' का हिंदी अनुवाद सप्रेजी ने किस वर्ष किया?

(A) 1909 में   (B) 1908 में

(C) 1907 में   (D) 1906 में

628. तिलक के मराठी गीता रहस्य का हिंदी अनुवाद सप्रेजी ने किस वर्ष किया?

(A) 1909 में   (B) 1911 में

(C) 1913 में   (D) 1915 में

629. जबलपुर में सप्रेजी ने हिंदी मंदिर की स्थापना कब की?

(A) 12 अप्रैल, 1920 में   (B) 12 मई, 1920 में

उत्तर के लिए कृपया पृष्ठ सं. 144 देखें।

(C) 12 जून, 1920 में   (D) 12 जुलाई, 1920 में

630. सप्रेजी ने सागर में प्रांतीय हिंदी साहित्य सम्मेलन का आयोजन कब किया ?

     (A) जनवरी 1920 में   (B) अप्रैल 1920 में

     (C) मई 1920 में   (D) जून 1920 में

631. सप्रेजी द्वारा अनुदित 'महाभारत मीमांसा' का प्रकाशन कब हुआ ?

     (A) 1917 में   (B) 1918 में

     (C) 1919 में   (D) 1920 में

632. सप्रेजी का देहावसान कब हुआ ?

     (A) 12 अप्रैल, 1926 में   (B) 14 अप्रैल, 1926 में

     (C) 23 अप्रैल, 1926 में   (D) इनमें से कोई नहीं

633. संगीत मनीषी उस्ताद हाफिज अली खाँ का जन्म मध्य प्रदेश में किस स्थान पर हुआ ?

     (A) सतना   (B) इंदौर

     (C) भोपाल   (D) ग्वालियर

634. उस्ताद हाफिज अली खाँ को किस उपाधि से नवाजा गया था ?

     (A) संगीताचार्य   (B) संगीत नायक

     (C) आफताब-ए-सरोद   (D) इनमें से कोई नहीं

635. 'पद्मभूषण' की उपाधि उस्ताद हाफिज अली खाँ को किस वर्ष प्राप्त हुई ?

     (A) 1959 में   (B) 1960 में

     (C) 1961 में   (D) 1962 में

636. उस्ताद हाफिज अली खाँ का देहांत कब हुआ ?

     (A) 28 दिसंबर, 1962 में   (B) 28 दिसंबर, 1965 में

     (C) 28 दिसंबर, 1972 में   (D) 28 दिसंबर, 1973 में

637. उस्ताद हाफिज अली खाँ की स्मृति को चिरस्थायी बनाए रखने के लिए किसकी स्थापना की गई ?

     (A) गंधर्व विद्यालय   (B) संगीत अकादमी

     (C) सरोद घर   (D) इनमें से कोई नहीं

638. उस्ताद हाफिज अली खाँ के छोटे पुत्र का नाम क्या है ?

     (A) उस्ताद अमीर खाँ   (B) उस्ताद अमजद अली खाँ

उत्तर के लिए कृपया पृष्ठ सं. 144 देखें।

(C) कुमार गंधर्व   (D) इनमें से कोई नहीं

639. शाहजहाँ बेगम के शासनकाल में भोपाल से किस अखबार का प्रकाशन आरंभ हुआ?

(A) अखबार अंजुमन   (B) अखबार-ए-आम
(C) उम्दतुल अखबार   (D) अखबार-ए-आलम

640. भोपाल से 'उम्दतुल अखबार' का प्रकाशन कब प्रारंभ हुआ?

(A) जनवरी 1871   (B) फरवरी 1871
(C) मार्च 1871   (D) इनमें से कोई नहीं

641. सन् 1879 में बुरहानपुर से आरंभ होकर खंडवा में स्थापित होने वाला पत्र कौन सा है?

(A) कलकत्ता पंच   (B) आईना-ए-रियाजी
(C) तहजीब-उल आसार   (D) सुबोध सिंधु

642. मौलाना अमजद अली 'अशहरी' ने 1879 में कौन सी साहित्यिक पत्रिका का प्रकाशन किया था?

(A) कोहिनूर   (B) वालाजाही
(C) मंदार मंजरी   (D) देहली पंच

643. ग्वालियर तथा इंदौर रियासत ने 'केसरी' पर किस वर्ष प्रतिबंध लगाया?

(A) 1907 में   (B) 1908 में
(C) 1909 में   (D) 1910 में

644. जबलपुर से अंजुमन-ए-इस्लाम ने अपना मुखपत्र 'अंजुमन-ए-इस्लाम' नाम से किस सन् में प्रकाशित किया था?

(A) 1881   (B) 1891
(C) 1897   (D) 1898

645. साप्ताहिक 'दबीर-उल-मुल्क' का प्रकाशन भोपाल से कब हुआ?

(A) अगस्त 1881   (B) सितंबर 1881
(C) अक्तूबर 1881   (D) नवंबर 1881

646. 'दबीर-उल-मुल्क' के संपादक, प्रकाशन कौन थे?

(A) मौलाना मोहम्मद अली
(B) मौलाना अमजद अली अशहरी
(C) मोहम्मद मुर्तुजा   (D) मौलवी सैयद रहीमउद्दीन

उत्तर के लिए कृपया पृष्ठ सं. 144 देखें।

647. भोपाल से उर्दू 'सदाकत' का प्रकाशन अब्दुल करीम 'औज' ने किया। यह कैसा पत्र था?
    (A) दैनिक
    (B) साप्ताहिक
    (C) पाक्षिक
    (D) मासिक

648. उर्दू सदाकत का प्रकाशन किस वर्ष प्रारंभ हुआ?
    (A) 1883
    (B) 1884
    (C) 1885
    (D) 1886

649. 'सदाकत' के बाद अब्दुल करीम 'औज' ने दूसरा अखबार किस नाम से प्रकाशित किया?
    (A) शगूफा
    (B) गौहर
    (C) जरीद नुमाइश
    (D) मौज-ए-नरबदा

650. सन् 1883 में साप्ताहिक 'शुभचिंतक' का प्रकाशन कहाँ से प्रारंभ हुआ?
    (A) ग्वालियर
    (B) इंदौर
    (C) जबलपुर
    (D) भोपाल

651. साप्ताहिक शुभचिंतक के संपादक कौन थे?
    (A) मोहम्मद अनवर
    (B) शंकर शास्त्री गोखले
    (C) द्वारिकानाथ दास
    (D) रामगुलाम अवस्थी

652. 'शुभचिंतक' का साहित्यपूर्ति अंक किस नाम से प्रकाशित किया जाता था?
    (A) साहित्य सुधानिधि
    (B) कोहेनूर
    (C) काव्य सुधा निधि
    (D) इनमें से कोई नहीं

653. 'काव्य सुधा निधि' का संपादन कौन करते थे?
    (A) बाबू जगन्नाथ दास रत्नाकर
    (B) लाला राजबहादुर
    (C) भवग्राही दास
    (D) रघुवर प्रसाद द्विवेदी

654. कविताओं की पत्रिका 'नामा-ए-यार' कहाँ से प्रकाशित होती थी?
    (A) इंदौर
    (B) भोपाल
    (C) रतलाम
    (D) ग्वालियर

655. 'नामा-ए-यार' के संपादन कौन थे?
    (A) अब्दुल हक 'तहकीक'
    (B) मोहम्मद शरीफ 'अदीब'
    (C) अब्दुल वासित 'महशर'
    (D) मुशर्रफ यार खाँ

उत्तर के लिए कृपया पृष्ठ सं. 144 व 145 देखें।

656. 'नामा-ए-यार' के प्रकाशक कौन थे?
     (A) अब्दुल वासित 'महशर'   (B) अब्दुल हक 'तहकीक'
     (C) फैयाजुर्रहमान   (D) इनमें से कोई नहीं

657. अब्दुल करीम औज ने 'मौज-ए-नरबदा' कहाँ से आरंभ किया?
     (A) ग्वालियर   (B) भोपाल
     (C) इंदौर   (D) होशंगाबाद

658. 'मौज-ए-नरबदा' का प्रकाशन कब आरंभ हुआ?
     (A) अप्रैल 1883   (B) मई 1883
     (C) मई 1884   (D) जून 1883

659. 'मौज-ए-नरबदा' का परिशिष्ट किस नाम से प्रकाशित होता था?
     (A) गुलदस्ता-ए-नाज   (B) जरीदा-ए-वतन
     (C) तोहफा-ए-उश्शाक   (D) मौज-ए-जराफत

660. मासिका पत्रिका 'नामा-ए-दिलसोज' का प्रकाशन कहाँ से होता था?
     (A) फीरोजपुर   (B) छावनी इंदौर
     (C) रामपुर   (D) लाहौर

661. 'नामा-ए-दिलसोज' के प्रकाशक और संपादक कौन थे?
     (A) अहमद खाँ 'असीर'
     (B) नवाब अली 'हसरत'
     (C) पं. जगमोहन नाथ 'शौक'
     (D) मोहम्मद अमीन हंफी कादरी

662. भोपाल से साप्ताहिक 'सफीर-ए-आम' का प्रकाशन कब प्रारंभ हुआ?
     (A) 15 अगस्त, 1885   (B) 14 जुलाई, 1885
     (C) 15 जुलाई, 1885   (D) एक सितंबर, 1885

663. 'सफीर-ए-आम' का संपादन कौन करते थे?
     (A) सैयद मोहम्मद हुसैन   (B) नवाब अली 'हसरत'
     (C) अब्दुल वाहिद   (D) इनमें से कोई नहीं

664. 'सफीर-ए-आम' साप्ताहिक कितने पृष्ठों का होता था?
     (A) 20   (B) 12
     (C) 36   (D) 8

उत्तर के लिए कृपया पृष्ठ सं. 145 देखें।

665. भोपाल से प्रकाशित 'सरमाया-ए-फरास्त' कैसा पत्र था?
(A) दैनिक (B) साप्ताहिक
(C) पाक्षिक (D) मासिक

666. 'सरमाया-ए-फरास्त' के संपादक कौन थे?
(A) मोहम्मद रजा-हकीम अहमद रजा
(B) मौलवी गजनफर हुसैन-सैयद इकरामुद्दीन
(C) हरिभगत-अया सिंह
(D) इनमें से कोई नहीं

667. चिकित्सा संबंधी मासिक 'हिरज-ए-जाँ' का प्रकाशन कहाँ से शुरू हुआ?
(A) छावनी इंदौर (B) ग्वालियर
(C) होशंगाबाद (D) फतेहगढ़ (भोपाल)

668. 'हिरज-ए-जाँ' का प्रकाशन कब प्रारंभ हुआ?
(A) 1 जुलाई, 1885 (B) 15 जुलाई, 1885
(C) 15 अगस्त, 1885 (D) 1 अक्तूबर, 1885

669. 'हिरज-ए-जाँ' के संपादक कौन थे?
(A) निसार अली (B) सादिक अली
(C) हकीम असगर हुसैन (D) मुंशी सालिगराम

670. 1885 में इंदौर में ब्रह्म समाज की स्थापना के साथ ही समाज के मुख पत्र के रूप में पाक्षिक का प्रकाशन आंरभ हुआ। उस पत्र का क्या नाम था?
(A) वृत्तांत चिंतामणि (B) भारत प्रकाश
(C) नीति दर्पण (D) सत्यबोधिनी

671. 'सत्यबोधिनी' का संपादन कौन करते थे?
(A) अली असगर (B) 'जालिब' देहलवी
(C) देवाजीराव तंजावरकर (D) इनमें से कोई नहीं

672. अप्रैल 1887 में रीवा से किस हिंदी पाक्षिक का प्रकाशन प्रारंभ हुआ?
(A) भारत प्रकाश (B) नीति दर्पण
(C) भारत भ्राता (D) चिंतामणि

673. 'भारत भ्राता' के संपादक कौन थे?
(A) लाला देवीदयाल (B) मुंशी महबूब आलम
(C) बाबू हनुमान प्रसाद (D) लाल बलदेव सिंह

उत्तर के लिए कृपया पृष्ठ सं. 145 देखें।

674. 'हिलाल' का प्रकाशन कहाँ से होता था?
(A) इंदौर (B) ग्वालियर
(C) भोपाल (D) होशंगाबाद

675. 'हिलाल' के प्रकाशक और संपादक कौन थे?
(A) मौलवी अब्दुल कादिर
(B) शर्फुद्दीन 'शर्फ'
(C) मिर्जा खादिम हुसैन
(D) अर्जुमंद मोहम्मद खाँ सलीम

676. 'हिलाल' का प्रकाशन कब प्रारंभ हुआ?
(A) 10 जून, 1887 (B) 23 जून, 1887
(C) 19 सितंबर, 1887 (D) 5 अगस्त, 1887

677. मासिक पत्रिका 'गुलशन-ए-दाग' का प्रकाशन कहाँ से आरंभ हुआ?
(A) भोपाल (B) होशंगाबाद
(C) ग्वालियार (D) रतलाम

678. 'गुलशन-ए-दाग' का प्रकाशन किस वर्ष से प्रारंभ हुआ?
(A) जनवरी 1888 (B) मार्च 1888
(C) जुलाई 1888 (D) अगस्त 1888

679. 'गुलशन-ए-दाग' के प्रकाशक तथा संपादक कौन थे?
(A) मुंशी सिराजुद्दीन (B) अब्दुल रहीम 'सबा'
(C) ख्वाजा सैयद हसन खाँ (D) मिर्जा अब्दुल्ला 'हसरती'

680. साप्ताहिक 'सद्विचारिणी' का संपादन कहाँ से प्रारंभ हुआ?
(A) ग्वालियर (B) भोपाल
(C) इंदौर (D) होशंगाबाद

681. 'सद्विचारिणी' का संपादन कौन करते थे?
(A) मुंशी ताजुद्दीन मुख्तार (B) के.एम. मैथ्यू
(C) अनंत कृष्ण शास्त्री (D) अंबिका दत्त व्यास

682. सन् 1888 में रतलाम से किस पत्रिका का प्रकाशन प्रारंभ हुआ?
(A) आशा (B) खिचड़ी समाचार
(C) सुगृहिणी (D) सुधारक

683. सुगृहिणी के संपादक-प्रकाशक कौन थे?

उत्तर के लिए कृपया पृष्ठ सं. 145 देखें।

(A) हेमंत कुमारी देवी   (B) सुभद्रा कुमारी चौहान
(C) बंग महिला   (D) इनमें से कोई नहीं

684. हिंदी की प्रथम महिला संपादक होने का गौरव किसे प्राप्त है?
(A) सुभद्रा कुमारी चौहान   (B) बाला विनोदनी
(C) हेमंत कुमारी देवी   (D) इनमें से कोई नहीं

685. अंजुमन-ए-इसलाम का पाक्षिक 'तबलीग' कहाँ से प्रकाशित होता था?
(A) छावनी इंदौर   (B) ग्वालियर
(C) रतलाम   (D) जबलपुर

686. 'तबलीग' के संपादक कौन थे?
(A) सैयद हसन
(B) मोहम्मद सादिक 'नातिक'
(C) मौलाना मोहम्मद अब्दुल जब्बार 'उमरपुरी'
(D) सुलेमान मिर्जा

687. 'तबलीग' का प्रकाशन किस तारीख से हुआ?
(A) 10 मई, 1893   (B) 15 मई, 1893
(C) सितंबर 1893   (D) अक्तूबर 1893

688. 1894 में सागर के आलकाट प्रेस से बच्चों की किस पत्रिका का प्रकाशन होता था?
(A) सज्जन विनोद   (B) भूत
(C) रियाज   (D) बाल विभाग

689. 'बाल विभाग' के संपादक कौन थे?
(A) मोरेश्वर राव चंद्राकर
(B) रामजी दास भार्गव
(C) कृष्णलाल शर्मा
(D) मोहम्मद सज्जाद हुसैन ताहिर

690. सन् 1896 में साप्ताहिक 'मुजफ्फरी' का प्रकाशन कहाँ से प्रारंभ हुआ?
(A) ग्वालियर   (B) रतलाम
(C) इंदौर   (D) भोपाल

691. साप्ताहिक 'मुजफ्फरी' के संपादक कौन थे?
(A) सैयद अहमद 'नातिक'   (B) हेमंत प्रसाद घोष

उत्तर के लिए कृपया पृष्ठ सं. 145 देखें।

(C) अर्जुमंद मोहम्मद खाँ (D) बलदेव प्रसाद मिश्र

692. भोपाल रियासत के सरकारी गजट 'जरीदा भोपाल' का प्रकाशन कब प्रारंभ हुआ?
(A) 1900 (B) 1901
(C) 1902 (D) 1904

693. 1903 में भोपाल से 24 पृष्ठ की किस पत्रिका का प्रकाशन आरंभ हुआ?
(A) काशिफ-उल-उलूम (B) मेहर-ए-मुनीर
(C) शरीफ (D) मोहिनी

694. मेहर-ए-मुनीर के संपादक कौन थे?
(A) हकीम अजमल खाँ (B) सैयद जालिब देहलवी
(C) अर्जुमंद मोहम्मद यासीन खाँ (D) सिराजुद्दीन अहमद खाँ

695. अप्रैल 1909 में जबलपुर से किस हिंदी मासिक का प्रकाशन प्रारंभ हुआ?
(A) हिंदू पंच (B) हिंदी दरोगा
(C) श्रीसनातन धर्म (D) शिक्षा प्रकाश

696. 'शिक्षा प्रकाश' का संपादन कौन करते थे?
(A) पं. सुंदरलाल (B) रघुवर प्रसाद द्विवेदी
(C) इंद्रदत्त शर्मा (D) पद्म सिंह शर्मा

697. 'शिक्षा प्रकाश' का प्रकाशनाधिकार एक वर्ष बाद हितकारिणी सभा को सौंप दिया गया। तब यह किस नाम से प्रकाशित होती थी?
(A) भारतोदय (B) असर
(C) जानवी (D) हितकारिणी

698. उर्दू मासिक पत्रिका 'अल हिजाब' का प्रकाशन कहाँ से होता था?
(A) जबलपुर (B) ग्वालियर
(C) भोपाल (D) होशंगाबाद

699. 'अल हिजाब' का संपादन कौन करते थे?
(A) मौलवी रफतउल्ला (B) मिर्जा अहमद उल्ला
(C) शेख मोहम्मद उस्मान 'शाद' (D) मोहम्मद युसुफ कैसर

700. जबलपुर से सन् 1911 में किस उर्दू मासिक पत्रिका का प्रकाशन आरंभ हुआ?

उत्तर के लिए कृपया पृष्ठ सं. 145 देखें।

(A) तमद्दुन   (B) दरबार

(C) मशवरा   (D) शाहिद-ए-सुखन

701. 'मशवरा' के संपादक कौन थे?

(A) मोहम्मद जफर

(B) सैयद गुलाम कादिर शाह

(C) शेख मोहम्मद इकराम

(D) सैयद याकूब अल हसन

702. 1911 में खंडवा से किस पत्र का प्रकाशन आरंभ हुआ?

(A) आर्य वैभव   (B) बाल हितैषी

(C) जाति सुधार   (D) आत्म विद्या

703 'जाति सुधार' का प्रकाशन किसने किया था?

(A) अप्पूराज हनुमंत राव   (B) ठाकुर प्रसाद खत्री

(C) कालीप्रसाद दास   (D) कालूराम गंगराड़े

704. उर्दू साप्ताहिक 'इनसान' का प्रकाशन कहाँ से प्रारंभ हुआ?

(A) रायपुर   (B) जबलपुर

(C) ग्वालियर   (D) भोपाल

705. 'मालवा रिव्यू' का प्रकाशन कहाँ से प्रारंभ हुआ?

(A) रायपुर   (B) ग्वालियर

(C) जबलपुर   (D) भोपाल

706. 'मालवा रिव्यू' के संपादक कौन थे?

(A) सैयद मोहम्मद कैसर-कामदार अब्दुल मतीन

(B) सैयद सज्जाद हुसैन-मुल्ला अब्दुल्ला बासित

(C) मौलाना मख्दूम मोहम्मद आजम

(D) इनमें से कोई नहीं

707. खंडक से हिंदी मासिक पत्रिका 'प्रभा' का प्रकाशन कब प्रारंभ हुआ?

(A) 17 नवंबर, 1912   (B) 25 दिसंबर, 1912

(C) 7 अप्रैल, 1913   (D) 10 मार्च, 1924

708. 'प्रभा' का प्रकाशन, संपादन किसने आरंभ किया था?

(A) सुरेंद्र शर्मा   (B) कालूराम गंगराड़े

(C) शिव प्रकाश मिश्र   (D) लाला सीताराम

उत्तर के लिए कृपया पृष्ठ सं. 145 व 146 देखें।

709. सन् 1913 में ग्वालियर से किस संस्कृत मासिक पत्रिका का प्रकाशन प्रारंभ हुआ?
   (A) आनंद कादंबिनी
   (B) नीतिदर्पणम
   (C) धर्म प्रकाश
   (D) काव्य कादंबिनी

710. 'काव्य कादंबिनी' का संपादन कौन करते थे?
   (A) नारायण प्रसाद गौड़
   (B) बाबू गंगाप्रसाद गुप्त
   (C) रघुपति शास्त्री
   (D) चंद्रसेन जैन

711. जून 1915 में जबलपुर से किस हिंदी मासिक पत्रिका का प्रकाशन प्रारंभ हुआ?
   (A) त्रिलेगा
   (B) ज्ञानशक्ति
   (C) युगांतर
   (D) शारदा-विनोद

712. 'शारदा-विनोद' के संपादक कौन थे?
   (A) शिवकुमार शास्त्री
   (B) श्रीनाथ सिंह
   (C) नर्मदा प्रसाद मिश्र
   (D) वामन मल्हार जोशी

713. 'शारदा-विनोद' के प्रकाशक कौन थे?
   (A) अंबिका प्रसाद गुप्त
   (B) रामप्रसाद मिश्र
   (C) ज्योति प्रसाद मिश्र
   (D) इंद्र विद्यावाचस्पति

714. फरवरी 1916 में 'शिक्षण कौमुदी' नामक द्वैमासिक पत्रिका का प्रकाशन कहाँ से आरंभ हुआ?
   (A) ग्वालियर
   (B) इंदौर
   (C) भोपाल
   (D) जबलपुर

715. 'शिक्षण कौमुदी' के प्रकाशक-संपादक कौन थे?
   (A) जफर अली खाँ
   (B) कृष्ण केशव शिगवेकर
   (C) लाल गुलशन राय
   (D) वाहिद यार खाँ

716. 1917 में ग्वालियर से किस हिंदी मासिक पत्र का प्रकाशन आरंभ हुआ?
   (A) प्रतिभा
   (B) जागृति
   (C) धर्मसेवक
   (D) गुलशन

717. 'धर्मसेवक' के संपादक कौन थे?
   (A) ज्वालादत्त शर्मा
   (B) जानकीराम दुबे
   (C) चंद्रशेखर शास्त्री
   (D) सुधीर कुमार

उत्तर के लिए कृपया पृष्ठ सं. 146 देखें।

718. रायपुर की कान्यकुब्ज सभा ने 1919 में किस मासिक का प्रकाशन प्रारंभ किया?

(A) सौंदर्यवल्ली   (B) भानुदय

(C) हिंदू भ्रमणी   (D) कान्यकुब्ज नायक

☐

उत्तर के लिए कृपया पृष्ठ सं. 146 देखें।

5
खेल

719. प्रख्यात क्रिकेट खिलाड़ी नरेंद्र हिरवानी कहाँ के निवासी हैं?
    (A) धार   (B) इंदौर
    (C) भोपाल   (D) उज्जैन

720. मध्य प्रदेश में 'खेल-कूद एवं युवक कल्याण विभाग' की स्थापना कब की गई।
    (A) अक्तूबर 1975   (B) जनवरी 1976
    (C) जून 1976   (D) अगस्त 1946

721. 'होलकर क्रिकेट एसोसिएशन' की स्थापना कब हुई?
    (A) 1941 में   (B) 1942 में
    (C) 1943 में   (D) 1980 में

722. 1996 में इंग्लैंड का दौरा करनेवाली भारतीय क्रिकेट टीम में कौन सा खिलाड़ी मध्य प्रदेश का था?
    (A) राहुल द्रविड़   (B) नरेंद्र हिरवानी
    (C) अनिल कुंबले   (D) अजय जडेजा

723. निम्न में से कौन सा पुरस्कार मध्य प्रदेश सरकार द्वारा खिलाड़ियों को दिया जाता है?
    (A) खेल रत्न पुरस्कार   (B) अर्जुन पुरस्कार
    (C) विक्रम पुरस्कार   (D) द्रोणाचार्य पुरस्कार

724. मध्य प्रदेश के निम्नलिखित क्रिकेटरों में से किसने भारत की ओर से टेस्ट मैच नहीं खेला है?

उत्तर के लिए कृपया पृष्ठ सं. 146 देखें।

(A) राजेश चौहान   (B) नरेंद्र हिरवानी
(C) अभय खुरासिया   (D) मुश्ताक अली

725. मध्य प्रदेश शासन द्वारा हॉकी के क्षेत्र में विक्रम पुरस्कार 2009 में किसे दिया गया था?
(A) अतुल जाट   (B) शिवेंद्र सिंह
(C) सचिन कस्तूरे   (D) समीर खान

726. 'एकलव्य पुरस्कार' किस क्षेत्र से संबंधित है?
(A) संगीत   (B) उर्दू कविता
(C) चित्रकारी   (D) खेल

727. संध्या अग्रवाल किस खेल से संबंधित हैं?
(A) तैराकी   (B) शतरंह
(C) हॉकी   (D) महिला क्रिकेट

728. पटौदी मोहम्मद मंसूर अली खान का संबंध किस खेल से है?
(A) हॉकी   (B) फुटबॉल
(C) तैराकी   (D) क्रिकेट

729. शंकर लक्ष्मण कौन से खेल से संबंधित हैं?
(A) हॉकी   (B) फुटबॉल
(C) क्रिकेट   (D) तैराकी

730. मध्य प्रदेश की महिला खिलाड़ी सरला सरपटे किस खेल से संबंधित हैं?
(A) क्रिकेट   (B) गोताखोरी
(C) शतरंज   (D) हॉकी

731. मध्य प्रदेश में 'राष्ट्रीय क्रीड़ा संस्थान', पटियाला के सहयोग से क्षेत्रीय प्रशिक्षण केंद्र कहाँ स्थापित किया गया है?
(A) इंदौर   (B) भोपाल
(C) जबलपुर   (D) ग्वालियर

732. मध्य प्रदेश में राष्ट्रीय क्रीड़ा संस्थान के उप-प्रशिक्षण केंद्र कहाँ-कहाँ संचालित किए जा रहे हैं?
(A) जबलपुर   (B) सागर
(C) उज्जैन   (D) उपर्युक्त सभी

733. मध्य प्रदेश में पुरुष हॉकी के राज्य स्तरीय संगठन कितने हैं?

उत्तर के लिए कृपया पृष्ठ सं. 146 देखें।

(A) 2 (B) 3
(C) 4 (D) 5

734. मध्य प्रदेश में महिला हॉकी के लिए कितने संगठन हैं?
(A) 3 (B) 4
(C) 5 (D) 6

735. मध्य प्रदेश के कौन से खिलाड़ी ध्यानचंद के सह-खिलाड़ी रहे हैं?
(A) इस्माइल अब्बासी और अहमद शेर खाँ
(B) बाला पवार और शिवाजी पवार
(C) मास्टर राजोरिया और संतुराम
(D) बन्ने खाँ और दाउद मोहम्मद

736. मध्य प्रदेश में क्रिकेट के लिए कौन सा नगर प्रख्यात है?
(A) भोपाल (B) ग्वालियर
(C) सागर (D) इंदौर

737. मध्य प्रदेश में 'पारसी क्लब' की स्थापना कब हुई थी?
(A) 1885 में (B) 1890 में
(C) 1895 में (D) 1900 में

738. सुप्रसिद्ध क्रिकेटर सी.के. नायडू को महाराजा तुकोजी राव ने किस नगर में बसाया था?
(A) भोपाल (B) जबलपुर
(C) सागर (D) इंदौर

739. 'होल्कर क्रिकेट एसोसिएशन' की स्थापना कब हुई थी?
(A) 1941 (B) 1944
(C) 1945 (D) 1946

740. प्रख्यात क्रिकेटर नरेंद्र हिरवानी ने सर्वश्रेष्ठ कीर्तिमान कब स्थापित किया था?
(A) 1987-88 (B) 1988-89
(C) 1989-90 (D) 1990-91

741. प्रख्यात क्रिकेटर नरेंद्र हिरवानी ने सर्वश्रेष्ठ कीर्तिमान किसके विरुद्ध स्थापित किया था?
(A) ऑस्ट्रेलिया (B) इंगलैंड
(C) द . अफ्रीका (D) वेस्टइंडीज

उत्तर के लिए कृपया पृष्ठ सं. 146 देखें।

742. प्रख्यात खिलाड़ी नरेंद्र हिरवानी ने प्रथम टेस्ट मैच की दोनों पारियों में कुल कितने विकेट लेकर अंतरराष्ट्रीय रिकॉर्ड की बराबरी की थी?
(A) 16
(B) 17
(C) 18
(D) 19

743. मध्य प्रदेश की कौन सी महिला भारतीय महिला क्रिकेट टीम में शामिल की गई है?
(A) रीता जैन
(B) राजेश्वरी ढोलकिया
(C) मल्लेश्वरी
(D) पी.टी. उषा

744. 'मध्य प्रदेश क्रिकेट एसोसिएशन' की स्थापना किस एसोसिएशन के स्थान पर हुई थी?
(A) पारसी क्लब
(B) राज्य क्रीड़ा परिषद्
(C) खेल-कूद एवं युवजन कल्याण विभाग
(D) होल्कर क्रिकेट एसोसिएशन

745. मध्य प्रदेश में बैडमिंटन का खेल कब से प्रारंभ हुआ?
(A) 18 अगस्त, 1948
(B) 19 अक्तूबर, 1946
(C) 15 मई, 1957
(D) 20 जुलाई, 1974

746. मध्य प्रदेश में बैडमिंटन एसोसिएशन का मुख्यालय किस नगर में है?
(A) भोपाल
(B) इंदौर
(C) जबलपुर
(D) ग्वालियर

747. 'विक्रम पुरस्कार' कब प्रारंभ किया गया?
(A) 19 अक्तूबर, 1946
(B) 15 अप्रैल, 1948
(C) 15 अप्रैल, 1957
(D) 15 मई, 1990

748. 'विक्रम पुरस्कार' किसने प्रारंभ किया था?
(A) हरिसिंह गौर
(B) सुंदर लाल पटवा
(C) रवि शंकर शुक्ल
(D) द्वारिका प्रसाद शुक्ल

749. मध्य प्रदेश टेबल टेनिस एसोसिएशन की स्थापना कब हई थी?
(A) 1946
(B) 1957
(C) 1974
(D) 1975

750. मध्य प्रदेश टेबल टेनिस एसोसिएशन की स्थापना कहाँ हुई थी?

उत्तर के लिए कृपया पृष्ठ सं. 146 देखें।

(A) इंदौर (B) भोपाल
(C) ग्वालियर (D) जबलपुर

751. मध्य प्रदेश के किस खिलाड़ी ने 1974 में 'राष्ट्रीय टेबल टेनिस चैंपियनशिप' जीती थी?
(A) संध्या अग्रवाल (B) राजेश्वरी ढोलकिया
(C) रीता जैन (D) इनमें से कोई नहीं

752. मध्य प्रदेश में खेल-कूद स्टेडियम कहाँ नहीं है?
(A) इंदौर (B) रतलाम
(C) दमोह (D) चित्रकूट

753. बैडमिंटन खेलने हेतु मध्य प्रदेश में इनडोर स्टेडियम कहाँ नहीं है?
(A) जबलपुर (B) ग्वालियर
(C) इटारसी (D) खरगौन

754. मध्य प्रदेश में 2009 का 'लाइफटाइम एचीवमेंट पुरस्कार' किसे दिया गया?
(A) संजय सक्सेना को (B) रोशन लाल को
(C) एम.पी. तिवारी को (D) इनमें से कोई नहीं

755. 2009 का वूशु में 'विश्वामित्र पुरस्कार' किस खिलाड़ी को मिला?
(A) पूजा कुदेशिया (B) राधिका आप्टे
(C) श्रीमती सारिका गुप्ता (D) नेहा जैन

756. 2009 का हॉकी में 'विक्रम पुरस्कार' किसे प्राप्त हुआ?
(A) रोशन लाल (B) संदीप राठौर
(C) सुनील कीर (D) शिवेंद्र सिंह

757. तैराकी में 2009 का 'विक्रम पुरस्कार' किसे मिला?
(A) दिलीप शर्मा (B) समीर खान
(C) संजय सक्सेना (D) इनमें से कोई नहीं

उत्तर के लिए कृपया पृष्ठ सं. 146 देखें।

6
भूगोल

758. 1991 की जनगणना के अनुसार नगरीय जनसंख्या राज्य की जनसंख्या का कितना प्रतिशत है?
(A) 28.2
(B) 25.2
(C) 23.2
(D) 20.2

759. मध्य प्रदेश के आबादी लगभग कितनी है?
(A) 4.8 करोड़
(B) 6.6 करोड़
(C) 9.5 करोड़
(D) 16.2 करोड़

760. 1991 की जनगणना के अनुसार मध्य प्रदेश में पुरुष-महिला में साक्षरता का प्रतिशत क्या है?
(A) पु. 48.41 म. 19.19
(B) पु. 48.41 म. 28.39
(C) पु. 57.43 म. 18.99
(D) पु. 57.43 म. 28.39

761. मध्य प्रदेश का कौन सा क्षेत्र 'धान का कटोरा' कहलाता है?
(A) बघेलखंड
(B) मालवा
(C) छत्तीसगढ़
(D) इनमें से कोई नहीं

762. 1901–90 के बीच किस दशक में मध्य प्रदेश की जनसंख्या में गिरावट आई थी?
(A) 1901–10
(B) 1911–20
(C) 1931–40
(D) 1941–50

763. मध्य प्रदेश के प्रमुख कपास उत्पादन वाले क्षेत्र हैं—
(A) पूर्वी मध्य प्रदेश में
(B) उत्तर मध्य प्रदेश में

उत्तर के लिए कृपया पृष्ठ सं. 146 व 147 देखें।

(C) पश्चिमी मध्य प्रदेश में (D) इनमें से कोई नहीं

764. मध्य प्रदेश की कौन सी नदी बंगाल की खाड़ी में गिरती है ?
   (A) बेतवा (B) महानदी
   (C) ताप्ती (D) चंबल

765. मध्य प्रदेश का क्षेत्रफल कितना है ?
   (A) 5.27 लाख वर्ग कि.मी. (B) 4.80 लाख वर्ग कि.मी.
   (C) 4.43 लाख वर्ग कि.मी. (D) 3.39 लाख वर्ग कि.मी.

766. आदिम जनजाति कोरकू मध्य प्रदेश के किन जिलों में मुख्यत: पाई जाती है ?
   (A) पूर्वी जिले (B) उत्तर-पूर्वी जिले
   (C) उत्तर-पश्चिम के जिले (D) दक्षिण के जिले

767. मध्य प्रदेश की सीमा कितने प्रदेशों से जुड़ी है ?
   (A) 5 (B) 6
   (C) 7 (D) 9

768. 1991 की जनगणना के मध्य प्रदेश के किस जिले में लिंगानुपात सर्वाधिक है ?
   (A) राजनांद गाँव (B) मंडला
   (C) इंदौर (D) जबलपुर

769. निम्नलिखित में से किन जिलों को कपास की खेती के कारण 'सफेद सोने का क्षेत्र' कहा जाता है ?
   (A) उज्जैन—शाजापुर (B) रतलाम—खंडवा
   (C) धार—झाबुआ (D) खंडवा—खरगौन

770. मध्य प्रदेश के किस क्षेत्र में हीरों के बड़े भंडार प्राप्त होने का अनुमान है ?
   (A) मलाजखंड (B) चिरमरी
   (C) देवभोग (D) मेघनगर

771. क्षेत्रफल में मध्य प्रदेश के सबसे बड़े दो जिले कौन से हैं ?
   (A) बिलासपुर, बस्तर (B) बस्तर, सरगुजा
   (C) बस्तर, दुर्ग (D) रायपुर, बस्तर

772. मध्य प्रदेश में कुल बोए गए क्षेत्र का सबसे अधिक प्रतिशत सिंचित क्षेत्र किस जिले में है ?

उत्तर के लिए कृपया पृष्ठ सं. 147 देखें।

(A) दतिया   (B) मुरैना
(C) टीकमगढ़   (D) होशंगाबाद

773. मध्य प्रदेश के तीन प्रमुख शहर कौन से हैं, जो कर्क रेखा के सबसे अधिक समीप हैं?
(A) शिवपुरी, छतरपुर, रीवा
(B) उज्जैन, रतलाम, रायगढ़
(C) इंदौर, जबलपुर, भोपाल
(D) राजगढ़, बिलासपुर, भोपाल

774. मध्य प्रदेश में काली मिट्टी के क्षेत्र का बाहुल्य कहाँ है?
(A) नर्मदा घाटी   (B) बुंदेलखंड
(C) मालवा का पठार   (D) छत्तीसगढ़ मैदान

775. मध्य प्रदेश में दशक 1981-91 में जनसंख्या वृद्धि दर कितनी रही?
(A) 24.48   (B) 25.52
(C) 26.84   (D) 28.64

776. निम्नलिखित में से न्यूनतम ग्रामीण जनसंख्या के प्रतिशत का जिला कौन सा है?
(A) ग्वालियर   (B) उज्जैन
(C) भोपाल   (D) इंदौर

777. जनगणना 1991 के अनुसार मध्य प्रदेश में लगभग कितने गाँव हैं?
(A) 54 हजार   (B) 63 हजार
(C) 76 हजार   (D) 92 हजार

778. किन जिलों का समूह बुंदेलखंड क्षेत्र में आता है?
(A) टीकमगढ़, दमोह, छतरपुर   (B) मंदसौर, राजगढ़, शिवपुरी
(C) रीवा, शहडोल, सतना   (D) दुर्ग, रायपुर, राजनांद गाँव

779. कौन सा जिला समूह मध्य प्रदेश में सर्वाधिक सरसों (तिलहन) का उत्पादन करता है?
(A) बस्तर, रायपुर   (B) भिंड, मुरैना
(C) सीहोर, भोपाल   (D) खरगौन, खंडवा

780. मध्य प्रदेश के किस जिले में कुल जनसंख्या में से सर्वाधिक प्रतिशत जनजाति निवास करती है?

उत्तर के लिए कृपया पृष्ठ सं. 147 देखें।

(A) झाबुआ (B) बस्तर
(C) बैतूल (D) मंडला

781. क्षेत्रफल की दृष्टि से मध्य प्रदेश (विभाजन के बाद) का देश में कौन सा स्थान है ?
(A) चौथा (B) तीसरा
(C) दूसरा (D) पहला

782. मध्य प्रदेश के निम्नलिखित में से किस जिले में मृदा अपरदन (मिट्टी के कटाव) की समस्या है ?
(A) खंडवा (B) मुरैना
(C) भोपाल (D) जबलपुर

783. देश में मध्य प्रदेश निम्न खनिजों का सबसे बड़ा उत्पादक है—
(A) ताँबा एवं हीरा (B) कोयला एवं ताँबा
(C) कोयला एवं हीरा (D) ताँबा एवं लोहा

784. मध्य प्रदेश से गुजरने वाली अक्षांश रेखा निम्नलिखित में से कौन सी है ?
(A) मकर रेखा (B) भूमध्य रेखा
(C) उ. ध्रुव वृत्त रेखा (D) कर्क रेखा

785. मध्य प्रदेश की किस नदी द्वारा भूमिक्षरण सर्वाधिक किया जाता है ?
(A) चंबल (B) पार्वती
(C) नर्मदा (D) बेतवा

786. 'मध्य प्रदेश राज्य वन निगम' की स्थापना किस वर्ष हुई ?
(A) 1948 (B) 1956
(C) 1972 (D) 1975

787. मध्य प्रदेश के प्रमुख बाँध हैं—
(A) तवा और गांधी सागर (B) भाखड़ा और कृष्णा सागर
(C) नागार्जुन सागर और दामोदर (D) इनमें से कोई नहीं

788. नर्मदा नदी अमरकंटक से निकलती है। यह स्थान किस पर्वतश्रेणी के अंतर्गत आता है ?
(A) सतपुड़ा पर्वत श्रेणी (B) महाबली पर्वत श्रेणी
(C) विंध्याचल पर्वत श्रेणी (D) मैकाल पर्वत श्रेणी

उत्तर के लिए कृपया पृष्ठ सं. 147 देखें।

789. वर्ष 2005-06 तक मध्य प्रदेश के कितने गाँवों में बिजली पहुँचाई जा चुकी थी?

    (A) 62312   (B) 60211

    (C) 55240   (D) 50474

790. पन्ना स्थित हीरे की खदानें किस क्रम से संबंधित है?

    (A) बिजावर क्रम   (B) सकोली क्रम

    (C) सौंसर क्रम   (D) चिलपी क्रम

791. निम्नलिखित खनिजों में से धारवाड़ शैल समूह से प्राप्त होने वाले खनिज हैं—

    (A) गेरु एवं डायस्पोर   (B) मैंगनीज एवं संगमरमर

    (C) संगमरमर एवं एस्बेस्टस   (D) लौह अयस्क एवं कोयला

792. चीनी बरतन उद्योग कहाँ स्थित है?

    (A) दतिया   (B) भिंड

    (C) ग्वालियर   (D) मुरैना

793. मध्य प्रदेश में सोयाबीन का उत्पादन निम्नलिखित में से किस जिले में सर्वाधिक होता है?

    (A) छतरपुर   (B) सिवनी

    (C) मंदसौर   (D) मुरैना

794. मध्य प्रदेश के किस स्थान पर सोयाबीन के तेल का उत्पादन होता है?

    (A) मक्सी   (B) पीथमपुर

    (C) पीलू खेड़ी   (D) मंडीद्वीप

795. मध्य प्रदेश के औद्योगिक दृष्टि से उन्नत जिलों में कौन सा जिला शामिल नहीं है?

    (A) सागर   (B) जबलपुर

    (C) भोपाल   (D) इंदौर

796. मध्य प्रदेश में भैरवगढ़ के कलात्मक वस्त्र छपाई का निम्नलिखित में से कौन सा जिला है?

    (A) भोपाल   (B) बालाघाट

    (C) उज्जैन   (D) दमोह

797. मध्य प्रदेश में महेश्वर की रेशमी साड़ियों के लिए निम्नलिखित में से कौन सा जिला विख्यात है?

उत्तर के लिए कृपया पृष्ठ सं. 147 देखें।

(A) इंदौर   (B) खरगौन
(C) उज्जैन   (D) मुरैना

798. मध्य प्रदेश में विश्वविख्यात चंदेरी की साड़ियाँ निम्नलिखित में से कहाँ बनाई जाती हैं?
(A) देवास   (B) खरगौन
(C) उज्जैन   (D) टीकमगढ़

799. मध्य प्रदेश के प्रसिद्ध जलप्रपातों में निम्नलिखित में से कौन सा नहीं है—
(A) बोग्रा   (B) धुआँधार
(C) चचाई   (D) चित्रकूट

800. राज्य में सुरमा का उत्पादन किस जिले में होता है?
(A) सतना   (B) टीकमगढ़
(C) जबलपुर   (D) इंदौर

801. घाटी गाँव अभयारण्य कहाँ स्थित है?
(A) सागर   (B) ग्वालियर
(C) शिवपुरी   (D) मुरैना

802. वर्ष 2001 की जनगणना के अनुसार मध्य प्रदेश में ग्रामीण जनसंख्या का प्रतिशत है—
(A) 76.82   (B) 73.33
(C) 72.73   (D) 70.73

803. मध्य प्रदेश में लैदर कॉम्पलेक्स कहाँ स्थापित है?
(A) धार   (B) शाजापुर
(C) उज्जैन   (D) देवास

804. मध्य प्रदेश का एकमात्र गाँजा उत्पादक जिला कौन सा है?
(A) खरगौन   (B) नीमच
(C) खंडवा   (D) मंडला

805. अफीम उत्पादन की दृष्टि से मध्य प्रदेश का देश में कौन सा स्थान है?
(A) प्रथम   (B) द्वितीय
(C) तृतीय   (D) चतुर्थ

806. सतपुड़ा राष्ट्रीय उद्यान किसके लिए प्रसिद्ध है?

उत्तर के लिए कृपया पृष्ठ सं. 147 देखें।

(A) शेरों हेतु
(B) पक्षियों हेतु
(C) कृष्ण मृगों हेतु
(D) साँप व रेंगनेवाले प्राणियों हेतु

807. भारत के प्रथम 'पर्यटन नगर' का निर्माण प्रदेश में कहाँ किया जा रहा है?
(A) खंडवा   (B) शिवपुरी
(C) ग्वालियर   (D) भोपाल

808. मध्य प्रदेश के वनों में सबसे अधिक पेड़ किसके पाए जाते हैं?
(A) साल   (B) सागौन
(C) शीशम   (D) आम

809. 'अशरफी महल' कहाँ स्थित है?
(A) चंदेरी   (B) मांडू
(C) रायसेन   (D) ओरछा

810. तवा आयाकट योजना किस जिले में है?
(A) मुरैना   (B) शहडोल
(C) होशंगाबाद   (D) भिंड

811. मध्य प्रदेश के किन जिलों में रॉक फॉस्फेट उपलब्ध होने का पता चला है?
(A) सागर, झाबुआ   (B) खंडवा, खरगौन
(C) भिंड, मुरैना   (D) सतना, पन्ना

812. हलाली नहर किस नदी से निकाली गई है?
(A) तवा   (B) बेतवा
(C) चंबल   (D) नर्मदा

813. मालनपुर औद्योगिक केंद्र किस जिले में है?
(A) श्योपुर   (B) ग्वालियर
(C) मुरैना   (D) भिंड

814. मध्य प्रदेश में ग्रीष्मकाल में औसत तापमान रहता है—
(A) 36° सेंटीग्रेड   (B) 35° सेंटीग्रेड
(C) 32° सेंटीग्रेड   (D) 21° सेंटीग्रेड

815. मध्य प्रदेश के किस एकमात्र राष्ट्रीय उद्यान में ब्रेडरी जाति का बारहसिंगा मिलता है?

उत्तर के लिए कृपया पृष्ठ सं. 147 देखें।

(A) संजय   (B) कान्हा किसली

(C) बाँधवगढ़   (D) माधव

816. 'मुक्ता परियोजना' किस जिले में है?

(A) खंडवा   (B) छतरपुर

(C) बैतूल   (D) रायसेन

817. पटलिया किस जनजाति की उपजाति है?

(A) गोंड   (B) भील

(C) कोरकू   (D) बैगा

उत्तर के लिए कृपया पृष्ठ सं. 147 देखें।

7
राजनीति

818. योजना आयोग द्वारा आठवीं पंचवर्षीय योजना के लिए स्वीकृत वार्षिक योजना में सबसे अधिक रुपयों का प्रावधान किस क्षेत्र के लिए किया गया था?
   - (A) ऊर्जा एवं सिंचाई
   - (B) कृषि एवं सहकारिता
   - (C) शिक्षा एवं हरिजन कल्याण
   - (D) उद्योग एवं खनिज

819. मध्य प्रदेश की कौन सी परियोजना उत्तर प्रदेश के सहयोग से बनी है?
   - (A) कुरनाला परियोजना
   - (B) चंबल घाटी परियोजना
   - (C) केन बहुउद्देशीय परियोजना
   - (D) पेंच परियोजना

820. राज्य में नौवीं पंचवर्षीय योजना में सर्वाधिक परिव्यय किस मद का है—
   - (A) सिंचाई एवं बाढ़ नियंत्रण
   - (B) परिवहन
   - (C) ऊर्जा
   - (D) सामाजिक सेवाएँ

821. मध्य प्रदेश में ग्राम स्वराज्य योजना कब से प्रारंभ हुई?
   - (A) 1 अप्रैल, 2001
   - (B) 26 मार्च, 2001
   - (C) 26 जनवरी, 2001
   - (D) 26 जनवरी, 2000

822. मध्य प्रदेश में जिला सरकार कब से प्रारंभ हुई?
   - (A) 1 जून, 2000
   - (B) 1 मई, 2000
   - (C) 1 अप्रैल, 2000
   - (D) 1 अप्रैल, 1999

823. जनगणना 2001 के अनुसार मध्य प्रदेश का जनसंख्या की दृष्टि से सबसे बड़ा जिला इंदौर (24,65,827) है। द्वितीय बड़ा जिला है—
   - (A) जबलपुर
   - (B) रीवा

उत्तर के लिए कृपया पृष्ठ सं. 147 व 148 देखें।

(C) सागर (D) छिंदवाड़ा

824 'राष्ट्रीय खनिज नीति' के अनुसरण में 'मध्य प्रदेश खनिज नीति' कब घोषित हुई?
(A) 1999 में (B) 1998 में
(C) 1995 में (D) 1990 में

825. मध्य प्रदेश में पंचायती राज कब प्रारंभ हुआ?
(A) 2 अक्तूबर, 1980 (B) 2 नवंबर, 1980
(C) 2 अक्तूबर, 1985 (D) 2 नवंबर, 1985

826. मध्य प्रदेश की भांडेर तहसील को किस जिले में मिलाया गया है?
(A) दतिया (B) शिवपुरी
(C) भिंड (D) इनमें से कोई नहीं

827. मध्य प्रदेश में खनिज विकास के लिए 'मध्य प्रदेश राज्य खनिज विकास निगम' की स्थापना किस वर्ष में की गई थी?
(A) 1968 (B) 1956
(C) 1962 (D) 1952

828. वर्तमान (सन् 2012) में मध्य प्रदेश के राज्यपाल कौन हैं?
(A) पी.सी. एलेक्जेंडर (B) रोमेश भंडारी
(C) रामेश्वर ठाकुर (D) कुँवर महमूद अली

829. मध्य प्रदेश में आठवीं योजना में जल संसाधनों को विकसित करने हेतु कितने धन का प्रावधान किया गया था?
(A) 4, 212 करोड़ (B) 3, 431 करोड़
(C) 2, 385 करोड़ (D) 1, 731 करोड़

830. मध्य प्रदेश में 'विधि संस्थान' की स्थापना कहाँ की गई है?
(A) इंदौर (B) भोपाल
(C) जबलपुर (D) ग्वालियर

831. अगस्त 2008 में मध्य प्रदेश में भोपाल स्थित 'भारत भवन ट्रस्ट' का अध्यक्ष किसे चुना गया?
(A) पं. जसराज को (B) गुलाबचंद गुप्ता को
(C) एन.के. सिंह को (D) सुश्री उमा भारती को

832. मध्य प्रदेश में राष्ट्रीय भारून्मूलन कार्यक्रम किस वर्ष क्रियान्वित किया गया?

उत्तर के लिए कृपया पृष्ठ सं. 148 देखें।

(A) 1992   (B) 1990

(C) 1987   (D) 1983

833. मध्य प्रदेश के कई जिलों में चल रही 'डेनिडा स्वास्थ्य एवं परिवार कल्याण परियोजना' किस देश की सहायता से चल रही है?

(A) डोमिनिकन गणराज्य   (B) डेनमार्क

(C) फ्रांस   (D) कनाडा

834. वर्तमान में मध्य प्रदेश के मुख्यमंत्री (सन् 2012) कौन हैं?

(A) अर्जुन मुंडा   (B) भूपिंदर सिंह हुड्डा

(C) शिवराज सिंह चौहान   (D) डॉ. रमन सिंह

835. मध्य प्रदेश में निम्नलिखित राज्यपालों में किसका कार्यकाल सबसे कम रहा?

(A) श्री के.सी. रेड्डी

(B) श्री एन.एन. वांचू

(C) श्रीमती सरला ग्रेवाल

(D) डॉ. बी. पट्टाभि सीतारमैया

836. भारत सरकार की नई शिक्षा नीति के तहत मध्य प्रदेश में कितने नवोदय विद्यालय खोले गए हैं?

(A) 45   (B) 38

(C) 17   (D) 15

837. मध्य प्रदेश के समस्त विश्वविद्यालयों में नवीन एकीकृत पाठ्यक्रम प्रारंभ किया गया है। बताइए इसे कब प्रारंभ किया गया?

(A) जुलाई 1986   (B) जनवरी 1988

(C) अक्तूबर 1965   (D) जुलाई 1957

838. मंडला को विभाजित करके कौन सा जिला बनाया गया है?

(A) डमरिया   (B) डिंडोरी

(C) कटनी   (D) इनमें से कोई नहीं

839. वर्ष 2009 के आम चुनावों में मध्य प्रदेश की लोकसभा सीटों से कितनी महिलाएँ सांसद चुनी गई थीं?

(A) तीन   (B) चार

(C) पाँच   (D) छह

840. मध्य प्रदेश में 2008 के विधानसभा चुनावों में भाजपा ने सर्वाधिक स्थान

उत्तर के लिए कृपया पृष्ठ सं. 148 देखें।

प्राप्त किए। दूसरे स्थान पर कौन सी पार्टी रही?

(A) बसपा (B) कांग्रेस (आई)
(C) जनता दल (D) लोकदल

841. निम्नलिखित में से मध्य प्रदेश के किस मुख्यमंत्री का कार्यकाल सबसे कम रहा है?

(A) राजा नरेश चंद्र (B) गोविंद नारायण सिंह
(C) वीरेंद्र कुमार सखलेचा (D) पं. रविशंकर शुक्ल

842. मध्य प्रदेश की पहली महिला मुख्यमंत्री होने का गौरव किसे प्राप्त है?

(A) शीला दीक्षित (B) विजया राजे
(C) राबड़ी देवी (D) उमा भारती

843. वित्तीय वर्ष 2010-11 के लिए मध्य प्रदेश की वार्षिक योजना कितनी निर्धारित की गई थी?

(A) 7,500 करोड़ (B) 19,000 करोड़
(C) 8,200 करोड़ (D) 17,000 करोड़

844. मध्य प्रदेश के पुनगर्ठन से पूर्व इसका नाम 'मध्य-प्रांत' था। उस समय इसकी राजधानी कहाँ थी?

(A) भोपाल (B) ग्वालियर
(C) जबलपुर (D) नागपुर

845. सागर विश्वविद्यालय के संस्थापक डॉ. हरिसिंह गौर ने शासन तथा न्याय विभाग को अलग-अलग करने की माँग कहाँ की थी?

(A) दिल्ली (B) लंदन
(C) लाहौर (D) कलकत्ता

846. सन् 1939 में द्वितीय विश्व युद्ध आरंभ होने पर गांधीजी ने अवज्ञा आंदोलन की शुरुआत मध्य प्रदेश के किस नगर से की थी?

(A) इंदौर (B) विदिशा
(C) ग्वालियर (D) जबलपुर

847. किस जिले के 'घोड़ा डोगरी' आदिवासियों ने सन् 1930 में सत्याग्रह चलाया था?

(A) बैतूल (B) बस्तर
(C) झाबुआ (D) सरगुजा

उत्तर के लिए कृपया पृष्ठ सं. 148 देखें।

848. सन् 1930 में पूरे देश में नमक आंदोलन हुआ था। मध्य प्रदेश में इसकी शुरुआत किस स्थान से हुई थी?
    (A) बालाघाट
    (B) छिंदवाड़ा
    (C) सिवनी
    (D) मंडला

849. मध्य प्रदेश का महू 'सैनिक विद्रोह' के लिए प्रसिद्ध है? यह विद्रोह कब हुआ था?
    (A) 26 जनवरी, 1860
    (B) 15 अगस्त, 1859
    (C) 10 जनवरी, 1958
    (D) 1 जुलाई, 1857

850. मध्य प्रदेश के प्रथम मुख्यमंत्री श्री रविशंकर शुक्ल थे, जो मात्र दो माह ही मुख्यमंत्री रहे। इनके बाद निम्नलिखित में से कौन मुख्यमंत्री बना?
    (A) श्री गोविंद नारायण सिंह
    (B) श्री भगवत राव मंडलोई
    (C) श्री कैलाशनाथ काटजू
    (D) श्री द्वारिका प्रसाद मिश्र

851. मध्य प्रदेश के ऐसे आदिवासी मुख्यमंत्री कौन थे, जो मात्र 13 दिनों तक ही इस पद पर रहे?
    (A) सुंदरलाल पटवा
    (B) अजीत जोगी
    (C) राजा नरेशचंद
    (D) डॉ. कैलाशनाथ काटजू

852. पुनर्गठन से पूर्व विंध्य प्रदेश की राजधानी रीवा थी। इस प्रदेश की कितनी रियासतों को मध्य प्रदेश में शामिल किया गया था?
    (A) अड़तीस
    (B) छत्तीस
    (C) चौंतीस
    (D) बत्तीस

853. मध्य प्रदेश की राजधानी भोपाल पुनर्गठन से पूर्व एक पृथक राज्य था। यह राज्य किस वर्ग के अंतर्गत आता था?
    (A) स्वतंत्र
    (B) भाग सी
    (C) भाग बी
    (D) भाग ए

854. 'राज्य पुनर्गठन आयोग' की सिफारिशों के आधार पर 1 नवंबर, 1956 को मध्य प्रदेश का गठन किया गया था। इस आयोग के अध्यक्ष कौन थे?
    (A) पणिक्कर
    (B) पं. रविशंकर शुक्ल
    (C) सैयद फजल अली
    (D) हृदयनाथ कुँजरू

855. 'भारत भवन' का उद्घाटन कब हुआ था?
    (A) 13 अप्रैल, 1983
    (B) 13 अप्रैल, 1984

उत्तर के लिए कृपया पृष्ठ सं. 148 देखें।

(C) 13 अप्रैल, 1985   (D) 13 अप्रैल, 1982

856. मध्य प्रदेश में 'उच्च शिक्षा अनुदान आयोग' का मुख्यालय कहाँ है?

(A) भोपाल   (B) इंदौर

(C) जबलपुर   (D) ग्वालियर

857. 'मध्य प्रदेश योजना मंडल' का गठन कब किया गया था?

(A) 13 दिसंबर, 1980   (B) 4 दिसंबर, 1972

(C) 24 अक्तूबर, 1972   (D) 24 अगस्त, 1950

858. मध्य प्रदेश का 'प्रथम पर्यावरण न्यायालय' कहाँ पर स्थित है?

(A) जबलपुर   (B) भोपाल

(C) खंडवा   (D) इंदौर

859. मध्य प्रदेश के पहले उपमुख्यमंत्री कौन थे?

(A) वीरेंद्र सखलेचा   (B) प्रकाश चंद सेठी

(C) सुभाष यादव   (D) प्यारे लाल कँवर

860. मध्य प्रदेश में बेरोजगार के लाभार्थ 'रोजगार और निर्माण' का प्रकाशन किस वर्ष हुआ?

(A) 1987 में   (B) 1986 में

(C) 1985 में   (D) 1984 में

861. जून 2009 में मध्य प्रदेश का नया लोकायुक्त किसे बनाया गया?

(A) स्वतंत्र कुमार   (B) जे.एस. खेहर

(C) चंद्रमौलि कुमार प्रसाद   (D) प्रकाश प्रभाकर नाओलकर

862. मध्य प्रदेश में किसे प्रथम लोकायुक्त के पद पर नियुक्त किया गया था?

(A) एन.वी. सुंदरम   (B) राजकुमार खन्ना

(C) पी.वी. दीक्षित   (D) गुरु प्रसन्न सिंह

☐

उत्तर के लिए कृपया पृष्ठ सं. 148 देखें।

8
विविध

863. मध्य प्रदेश के प्रथम पुलिस महानिरीक्षक कौन थे?
    (A) बी.एस. शुक्ला   (B) वी.जी. घाटे
    (C) बी.पी. दुबे   (D) के.के. दुबे

864. मध्य प्रदेश के किस पुलिस महाविद्यालय में अपराध अनुसंधान का प्रशिक्षण दिया जाता है?
    (A) सागर   (B) इंदौर
    (C) रीवा   (D) जबलपुर

865. मध्य प्रदेश में पुलिस रेंजों की संख्या कितनी है?
    (A) 12   (B) 11
    (C) 10   (D) 9

866. मध्य प्रदेश में 'सशस्त्र पुलिस प्रशिक्षण महाविद्यालय' कहाँ स्थित है?
    (A) सागर   (B) इंदौर
    (C) जबलपुर   (D) रीवा

867. मध्य प्रदेश में यातायात पुलिस का प्रशिक्षण केंद्र कहाँ स्थित है?
    (A) भोपाल   (B) इंदौर
    (C) ग्वालियर   (D) सागर

868. देश का पहला मोबाइल बैंक मध्य प्रदेश के किस जिले में कार्यरत है?
    (A) मंदसौर   (B) मुरैना
    (C) सागर   (D) खरगौन

869. 'भारतीय अंतरिक्ष अनुसंधान संगठन' की पहली उपग्रह यूनिट मध्य प्रदेश

उत्तर के लिए कृपया पृष्ठ सं. 148 देखें।

के किस स्थान पर स्थापित की गई है?

(A) जबलपुर (B) छतरपुर

(C) भोपाल (D) श्योपुर

870. मध्य प्रदेश में छत्तीसगढ़ अलग होकर कब अस्तित्व में आया?

(A) 1 नवंबर, 2000 (B) 1 दिसंबर, 2000

(C) 1 जनवरी, 2001 (D) 1 फरवरी, 2001

871. मध्य प्रदेश की पूर्व से पश्चिम तक की लंबाई कितनी है?

(A) 840 कि.मी. (B) 850 कि.मी.

(C) 860 कि.मी. (D) 870 कि.मी.

872. मध्य प्रदेश की उत्तर से दक्षिण तक की चौड़ाई कितनी है?

(A) 600 कि.मी. (B) 605 कि.मी.

(C) 610 कि.मी. (D) 615 कि.मी.

873. मध्य प्रदेश की 'ऊर्जा राजधानी' किसे कहा जाता है?

(A) धार (B) मुरैना

(C) सीधी (D) इंदौर

874. क्षेत्रफल की दृष्टि से मध्य प्रदेश का कौन सा स्थान है?

(A) पहला (B) दूसरा

(C) तीसरा (D) चौथा

875. 'सोन चिड़िया संरक्षण केंद्र' कहाँ है?

(A) घाटी गाँव (ग्वालियर) तथा करैरा (शिवपुरी)

(B) बाँधवगढ़

(C) पन्ना

(D) छतरपुर

876. बाबर ने इनमें से किन क्षेत्रों को अपने अधिकार में कर लिया था?

(A) ग्वालियर (B) चंदेरी

(C) रायसेन (D) उपुर्यक्त सभी

877. मध्य प्रदेश में गोंड वंश का अंतिम शासक कौन था?

(A) नाहर शाह (B) अशोक

(C) शत्रुघाती (D) विक्रमादित्य

878. पेशवा बाजीराव ने हैदराबाद के निजाम को कब परास्त किया था?

उत्तर के लिए कृपया पृष्ठ सं. 148 व 149 देखें।

    (A) 1737 ई.   (B) 1738 ई.

    (C) 1739 ई.   (D) 1740 ई.

879. मध्य प्रदेश में सर्वप्रथम विद्रोह की चिनगारी कब दिखाई दी ?

    (A) 1805 ई.   (B) 1810 ई.

    (C) 1815 ई.   (D) 1818 ई.

880. मध्य प्रदेश में सर्वप्रथम अंग्रेजों के साथ विद्रोह की चिनगारी कहाँ दिखाई दी ?

    (A) महाकौशल   (B) सागर

    (C) दमोह   (D) मंडला

881. मध्य प्रदेश में पैदल व घुड़सवार टुकड़ियों ने अंग्रेजों के खिलाफ कब विद्रोह किया था ?

    (A) 3 जनवरी, 1857   (B) 3 फरवरी, 1857

    (C) 3 मार्च, 1857   (D) 3 जून, 1857

882. मध्य प्रदेश को कितने भागों में विभाजित किया जा सकता है ?

    (A) 3   (B) 4

    (C) 5   (D) 6

883. मध्य प्रदेश का मध्य उच्च प्रदेश कितने भागों में विभाजित है ?

    (A) 4   (B) 5

    (C) 6   (D) 7

884. सतपुड़ा श्रेणी में मध्य प्रदेश के कितने जिले सम्मिलित हैं ?

    (A) 4   (B) 5

    (C) 6   (D) 7

885. बघेलखंड की प्रमुख नदी सोन का उद्गम स्थल कहाँ है ?

    (A) अमरकंटक   (B) पचमढ़ी

    (C) जबलपुर   (D) सिहावा

886. सोन नदी की लंबाई कितनी है ?

    (A) 450 कि.मी.   (B) 460 कि.मी.

    (C) 470 कि.मी.   (D) 480 कि.मी.

887. बघेलखंड प्रदेश की रचना कितने शैल-समूहों से हुई है ?

    (A) 3   (B) 4

उत्तर के लिए कृपया पृष्ठ सं. 149 देखें।

(C) 5   (D) 6

888. काली मिट्टी किस फसल के लिए उपयुक्त समझी जाती है?

(A) सोयाबीन   (B) गेहूँ

(C) चावल   (D) कपास

889. मध्य प्रदेश में 'पंचवन योजना' का शुभारंभ कब हुआ था?

(A) 1975 में   (B) 1976 में

(C) 1977 में   (D) 1978 में

890. मध्य प्रदेश में 'वन विकास निगम' की स्थापना कब हुई थी?

(A) 25 जुलाई, 1975   (B) 25 अगस्त, 1975

(C) 25 सितंबर, 1975   (D) 25 अक्तूबर, 1975

891. ताप्ती की प्रमुख सहायक नदी कौन सी है?

(A) नर्मदा   (B) बेतवा

(C) केन   (D) पूरणा

892. ताप्ती नदी के किनारे कौन सा नगर स्थित है?

(A) धार   (B) बुरहानपुर

(C) मऊ   (D) जबलपुर

893. चंबल किसकी सहायक नदी कहलाती है?

(A) यमुना   (B) गंगा

(C) नर्मदा   (D) बेतवा

894. चंबल नदी की लंबाई कितनी है?

(A) 950 कि.मी.   (B) 955 कि.मी.

(C) 960 कि.मी.   (D) 965 कि.मी.

895. सोन नदी की लंबाई कितनी है?

(A) 775 कि.मी.   (B) 780 कि.मी.

(C) 785 कि.मी.   (D) 790 कि.मी.

896. सोन नदी किसकी सहायक नदी है?

(A) गंगा   (B) यमुना

(C) चंबल   (D) नर्मदा

897. 'कुँवारी नदी' का उद्गम स्थल कहाँ है?

(A) पचमढ़ी   (B) अमरकंटक

उत्तर के लिए कृपया पृष्ठ सं. 149 देखें।

(C) शिवपुरी   (D) सागर

898. 'कुँवारी नदी' किसकी सहायक नदी है?
(A) बेतवा   (B) नर्मदा
(C) सोन   (D) सिंध

899. मध्य प्रदेश में 'ऑप्टेल सॉफ्टवेयर टेक्नोलॉजी पार्क' कहाँ स्थापित किया गया है?
(A) होशंगाबाद   (B) इंदौर
(C) रतलाम   (D) ग्वालियर

900. भारत का सबसे बड़ा अखबारी कागज बनाने का कारखाना कहाँ है?
(A) टीटागढ़   (B) सहारनपुर
(C) नेपानगर   (D) अमलाई

901. सिक्यूरिटी पेपर मिल कहाँ स्थित है?
(A) अमलाई   (B) देवास
(C) टीटागढ़   (D) होशंगाबाद

902. केओलिन किसका नाम है?
(A) चीनी मिट्टी   (B) काली मिट्टी
(C) लाल मिट्टी   (D) इनमें से कोई नहीं

903. मध्य प्रदेश में टिन का उत्खनन कहाँ होता है?
(A) दतिया   (B) झाबुआ
(C) अमरगाँव   (D) छिंदवाड़ा

904. मध्य प्रदेश में एस्बेस्टस किन जिलों में पाया जाता है?
(A) छिंदवाड़ा   (B) दतिया
(C) बालाघाट   (D) झाबुआ

905. मध्य प्रदेश में भारत हैवी इलैक्ट्रीकल्स की स्थापना कब हुई थी?
(A) 1955 में   (B) 1960 में
(C) 1965 में   (D) 1970 में

906. मध्य प्रदेश के किस नगर में 'राष्ट्रीय रामलीला मेला' आयोजित किया जाता है?
(A) बालाघाट   (B) भोपाल
(C) शिवपुरी   (D) जबलपुर

उत्तर के लिए कृपया पृष्ठ सं. 149 देखें।

907. किस वर्ष 'नर्मदा घाटी विकास निगम' गठित किया गया?
   (A) 1981 में   (B) 1982 में
   (C) 1983 में   (D) 1984 में
908. 'फिल्म विकास निगम' की स्थापना मध्य प्रदेश में कब की गई थी?
   (A) 1986 में   (B) 1981 में
   (C) 1980 में   (D) 1972 में
909. 'बाणसागर बाँध नियंत्रण बोर्ड' का मुख्यालय कहाँ है?
   (A) इंदौर   (B) भोपाल
   (C) रीवा   (D) जबलपुर
910. मध्य प्रदेश की किस नदी में वर्षपर्यंत जल बना रहता है?
   (A) केन   (B) नर्मदा
   (C) सोन   (D) चंबल
911. मध्य प्रदेश में मौसम वेधशाला कहाँ स्थित है?
   (A) भोपाल   (B) इंदौर
   (C) उज्जैन   (D) जबलपुर
912. सहरिया जनजाति किस संभाग में प्रायः रहती है?
   (A) चंबल   (B) उज्जैन
   (C) भोपाल   (D) इंदौर
913. फोरेंसिक साइंस लेबोरेटरी कहाँ स्थित है?
   (A) सागर   (B) छतरपुर
   (C) इंदौर   (D) भोपाल
914. 'पीतांबर पीठ' नामक शक्तिपीठ किस जगह है?
   (A) उज्जैन   (B) पचमढ़ी
   (C) दतिया   (D) साँची
915. उर्दू साहित्यकार मुल्ला रमूजी का जन्म कहाँ हुआ था?
   (A) सागर   (B) इंदौर
   (C) भोपाल   (D) महू
916. सीपरी का नाम क्या है?
   (A) उज्जैन   (B) महेश्वर
   (C) शिवपुरी   (D) इनमें से कोई नहीं

उत्तर के लिए कृपया पृष्ठ सं. 149 देखें।

917. गोपालपुर को आज किस नाम से जाना जाता है ?
     (A) मंदसौर   (B) ग्वालियर
     (C) दतिया   (D) इनमें से कोई नहीं

918. दैमचक्र किस जगह का नाम था ?
     (A) दतिया   (B) उज्जैन
     (C) महेश्वर   (D) पचमढ़ी

919. भेलसा कहाँ का पुराना नाम है ?
     (A) ग्वालियर   (B) विदिशा
     (C) रीवा   (D) दतिया

920. भोपाल को पहले किस नाम से जाना जाता था ?
     (A) अवंतिका   (B) दशपुर
     (C) भोजपाल   (D) रायसेन

921. रेवा का नया नाम क्या है ?
     (A) मंदसौर   (B) रीवा
     (C) भिंड   (D) गुना

922. मध्य प्रदेश सरकार द्वारा दिए जाने वाले 'कालिदास सम्मान' की स्थापना कब की गई थी ?
     (A) 1980 में   (B) 1981 में
     (C) 1982 में   (D) 1983 में

923. 'तुलसी सम्मान' की स्थापना कब की गई ?
     (A) अगस्त 1983   (B) सितंबर 1983
     (C) अक्तूबर 1983   (D) नवंबर 1983

924. 'लता मंगेशकर पुरस्कार' की घोषणा कब की गई ?
     (A) अगस्त 1984   (B) सितंबर 1984
     (C) अक्तूबर 1984   (D) नवंबर 1984

925. मध्य प्रदेश शासन ने 'जवाहरलाल नेहरू पुरस्कार' की स्थापना कब की ?
     (A) 1981   (B) 1982
     (C) 1983   (D) 1984

926. 'तानसेन समारोह' कहाँ आयोजित किया जाता है ?
     (A) शिवपुरी   (B) इंदौर

उत्तर के लिए कृपया पृष्ठ सं. 149 देखें।

(C) ग्वालियर   (D) भोपाल

927. 'कालिदास समारोह' का आयोजन किस जगह होता है?

    (A) ग्वालियर   (B) मुरैना

    (C) भोपाल   (D) उज्जैन

928. 'राष्ट्रीय हिंदी रंगमंच समारोह' का आयोजन स्थल कहाँ है?

    (A) भोपाल   (B) इंदौर

    (C) देवास   (D) सागर

929. 'कालिदास अकादमी' का गठन कब हुआ?

    (A) 1975   (B) 1976

    (C) 1977   (D) 1978

930. मध्य प्रदेश का पहला हिंदी मासिक कौन सा था?

    (A) नई दुनिया   (B) नवजीवन

    (C) अग्रदूत   (D) नवप्रभात

931. पहले हिंदी मासिक का प्रकाशन वर्ष कौन सा था?

    (A) 1915   (B) 1939

    (C) 1947   (D) 1948

932. प्रथम हिंदी मासिक कहाँ से प्रकाशित होता था?

    (A) भोपाल   (B) सागर

    (C) रीवा   (D) इंदौर

933. इंदौर से प्रकाशित होने वाला 'नई दुनिया' का प्रकाशन कब प्रारंभ हुआ?

    (A) 5 जून, 1947   (B) 5 जुलाई, 1947

    (C) 5 अगस्त, 1947   (D) 5 सितंबर, 1947

934. हरिसिंह गौर विश्वविद्यालय, सागर की स्थापना किस वर्ष की गई थी?

    (A) 1945   (B) 1946

    (C) 1947   (D) 1948

935. उज्जैन के विक्रम विश्वविद्यालय का स्थापना वर्ष कौन सा है?

    (A) 1955   (B) 1956

    (C) 1957   (D) 1958

936. रानी दुर्गावती विश्वविद्यालय की स्थापना कब हुई थी?

    (A) 1954   (B) 1955

उत्तर के लिए कृपया पृष्ठ सं. 149 व 150 देखें।

(C) 1956   (D) 1957

937. जीवाजी विश्वविद्यालय का स्थापना वर्ष कौन सा है?

(A) 1955   (B) 1960

(C) 1964   (D) 1965

938. 'महात्मा गांधी चित्रकूट ग्रामोदय विश्वविद्यालय' कब स्थापित किया गया?

(A) 1990   (B) 1991

(C) 1992   (D) 1993

939. 'माखनलाल चतुर्वेदी राष्ट्रीय पत्रकारिता विश्वविद्यालय' कहाँ स्थापित किया गया?

(A) सतना   (B) रीवा

(C) इंदौर   (D) भोपाल

940. 'जवाहरलाल नेहरू कृषि विश्वविद्यालय' कहाँ स्थित है?

(A) इंदौर   (B) जबलपुर

(C) सागर   (D) भोपाल

941. मध्य प्रदेश में प्रथम चिकित्सा महाविद्यालय की स्थापना कब की गई?

(A) 1943 में   (B) 1944 में

(C) 1945 में   (D) 1946 में

942. प्रथम चिकित्सा महाविद्यालय कहाँ स्थापित किया गया?

(A) ग्वालियर   (B) सागर

(C) इंदौर   (D) भोपाल

943. मध्य प्रदेश का पहला राष्ट्रीय उद्यान कहाँ स्थित है?

(A) बालाघाट   (B) सीधी

(C) मंडला   (D) शहडोल

944. पहले राष्ट्रीय उद्यान की स्थापना कब हुई?

(A) 1932 में   (B) 1933 में

(C) 1955 में   (D) 1973 में

945. राज्य का एकमात्र जीवाश्म उद्यान कहाँ है?

(A) मंडला   (B) बालाघाट

(C) सीधी   (D) शहडोल

946. मध्य प्रदेश के जबलपुर में क्रांतिकारी दल का गठन कब किया गया?

उत्तर के लिए कृपया पृष्ठ सं. 150 देखें।

(A) 1905 में   (B) 1906 में

(C) 1907 में   (D) 1908 में

947. 'होमरूल लीग' की स्थापना कब की गई?

(A) 1915   (B) 1923

(C) 1857   (D) 1858

948. भोपाल में 'भोपाल राज्य हिंदू सभा' का गठन कब किया गया?

(A) 1923 में   (B) 1930 में

(C) 1934 में   (D) 1938 में

949. बजाज टेंपो का कारखाना मध्य प्रदेश में कहाँ स्थापित किया गया है?

(A) मक्सी में   (B) मेघनगर में

(C) पीथमपुरा में   (D) मंडीदीप में

950. पीथमपुर को 'भारत का डेट्राइट' कहा जाता है। यह किस जिले में है?

(A) श्योपुर   (B) धार

(C) छिंदवाड़ा   (D) ग्वालियर

951. मध्य प्रदेश में भैरवगढ़ के कलात्मक वस्त्र छपाई का कौन सा जिला है?

(A) भोपाल   (B) बालाघाट

(C) दमोह   (D) उज्जैन

952. महेश्वर की रेशमी साड़ियों के लिए कौन सा जिला विख्यात है?

(A) खरगौन   (B) मुरैना

(C) उज्जैन   (D) इंदौर

953. 'भारत का जिब्राल्टर' मध्य प्रदेश के किस किले को कहा जाता है?

(A) रतनगढ़   (B) ग्वालियर

(C) असीरगढ़   (D) बाँधवगढ़

954. चाँदनी तापीय विद्युत् केंद्र किस स्थान पर स्थापित हुआ है?

(A) शिवपुरी   (B) नेपानगर

(C) अमरकंटक   (D) शिवपुरी

955. इंदौर में स्थापित किए जाने वाले भाभा परमाणु केंद्र के प्रथम औद्योगीकरण केंद्र का नाम क्या है?

(A) लाइफ   (B) टाइगर

(C) कैट   (D) प्रोग्रेस

उत्तर के लिए कृपया पृष्ठ सं. 150 देखें।

956. मध्य प्रदेश का प्रथम सौर ऊर्जा से चलनेवाला टी.वी. किस ग्राम में लगाया गया है ?

  (A) कस्तूरबा (इंदौर)   (B) गांधीपुर (इंदौर)

  (C) मंडलपुर (भोपाल)   (D) रूपगढ़ी (ग्वालियर)

957. 'प्रोजेक्ट टाइगर' हेतु चयनित कान्हा-किसली किस वर्ष राष्ट्रीय उद्यान बना था ?

  (A) 1956 में   (B) 1955 में

  (C) 1954 में   (D) 1953 में

958. 'राष्ट्रीय खनिज नीति' के अनुसरण में 'मध्य प्रदेश खनिज नीति' कब घोषित हुई ?

  (A) 1994 में   (B) 1995 में

  (C) 1996 में   (D) 1997 में

959. मध्य प्रदेश में 'बीज एवं फार्म विकास निगम' का मुख्यालय कहाँ है ?

  (A) सागर   (B) उज्जैन

  (C) भोपाल   (D) इंदौर

960. औद्योगिक दृष्टि से सबसे महत्त्वपूर्ण नगर कौन सा है ?

  (A) इंदौर   (B) गुना

  (C) ग्वालियर   (D) छतरपुर

961. दस्युओं की आश्रय स्थली कौन सी जगह है ?

  (A) डबरा   (B) मुरैना

  (C) भिंड   (D) चंबल

962. शिवपुरी में खैर से क्या बनाया जाता है ?

  (A) बिस्कुट   (B) शक्कर

  (C) कत्था   (D) सीमेंट

963. कत्था उद्योग कहाँ है ?

  (A) सतना   (B) शहडोल

  (C) पन्ना   (D) रीवा

964. हीरा उत्पादन के लिए विश्व प्रसिद्ध स्थान है ?

  (A) चंदेरी   (B) शिवपुरी

  (C) पन्ना   (D) सतना

उत्तर के लिए कृपया पृष्ठ सं. 150 देखें।

965. केवटी जल प्रपात कहाँ स्थित है?

(A) विदिशा (B) रीवा

(C) इंदौर (D) मालवा

966. प्राचीन शारदा माँ का मंदिर कहाँ स्थित है?

(A) गुना (B) मंदसौर

(C) मैहर (D) धार

967. चचाई जल प्रपात कहाँ है?

(A) रीवा (B) धार

(C) रायसेन (D) शाजापुर

968. अलाउद्दीन संगीत पीठ के लिए कौन सा स्थान प्रसिद्ध है?

(A) रायसेन (B) मैहर

(C) मालवा (D) विदिशा

969. बीना के आगासोर में कौन सा कारखाना है?

(A) सीमेंट (B) शक्कर

(C) तेलशोधक (D) कत्था

970. देश की सबसे बड़ी मसजिद कौन सी है?

(A) जामा मसजिद (B) ताजुल मसजिद

(C) इंदौर मसजिद (D) इनमें से कोई नहीं

971. 'ताजुल मसजिद' कहाँ अवस्थित है?

(A) भोपाल (B) बीना

(C) सागर (D) इंदौर

972. भोपाल के समीप 'सीहोर' किसके लिए प्रसिद्ध है?

(A) सूती कपड़ा (B) प्राचीन किला

(C) ज्योतिर्लिंग (D) अनाज मंडी

973. क्षिप्रा नदी के तट पर कौन सा नगर बसा है?

(A) भोपाल (B) रतलाम

(C) उज्जैन (D) इनमें से कोई नहीं

974. राजा जयसिंह (सवाई) द्वारा मध्य प्रदेश के किस शहर में जंतर-मंतर बनाया गया?

(A) रतलाम (B) इंदौर

उत्तर के लिए कृपया पृष्ठ सं. 150 देखें।

(C) देवास
(D) उज्जैन

975. श्रीकृष्ण ने सांदिपनी आश्रम में शिक्षा ग्रहण की थी। यह आश्रम कहाँ स्थित है?

(A) उज्जैन
(B) देवास

(C) रतलाम
(D) इंदौर

976. नोट छापने का कारखाना (बैंक नोट प्रेस) कहाँ स्थित है?

(A) उज्जैन
(B) देवास

(C) रतलाम
(D) इंदौर

977. मध्य प्रदेश की जलवायु किस प्रकार की है?

(A) मानसूनी
(B) उष्ण

(C) शीतोष्ण
(D) इनमें से कोई नहीं

978. सर्वाधिक कम वर्षा वाला क्षेत्र कौन सा है?

(A) बिलासपुर
(B) चंबल

(C) ग्वालियर
(D) भिंड

979. मध्य प्रदेश में मुख्यत: कितने प्रकार की मिट्टी पाई जाती है?

(A) 5
(B) 4

(C) 6
(D) 3

980. सुरमा मध्य प्रदेश में कहाँ मिलता है?

(A) बैतूल
(B) दतिया

(C) जबलपुर
(D) शिवपुरी

981. बैतूल में कौन सा खनिज प्राप्त होता है?

(A) बैराइट
(B) ग्रेफाइट

(C) डोलोमाइट
(D) बॉक्साइट

982. मध्य प्रदेश में बॉक्साइट का खनन सर्वप्रथम कब आरंभ हुआ था?

(A) 1968 में
(B) 1948 में

(C) 1928 में
(D) 1908 में

983. लौह खनन का पहला संयंत्र कब स्थापित किया गया था?

(A) 1908 में
(B) 1928 में

(C) 1948 में
(D) 1968 में

984. बॉक्साइट का खनन किस स्थान से शुरू हुआ था?

उत्तर के लिए कृपया पृष्ठ सं. 150 देखें।

(A) कटनी   (B) छिंदवाड़ा

(C) टीकमगढ़   (D) बैतूल

985. लौह खनन का पहला संयंत्र किस जगह स्थापित किया गया था?

    (A) मलाजखंड   (B) नरसिंहपुर

    (C) किरंदुल दुर्ग   (D) इनमें से कोई नहीं

986. एंडेलुसाइट किस जगह से प्राप्त होता है?

    (A) चाँद नगर   (B) शहडोल

    (C) सागर   (D) पन्ना

987. मध्य प्रदेश में क्या नहीं पाया जाता?

    (A) कोयला   (B) पेट्रोलियम

    (C) सीसा   (D) इनमें से कोई नहीं

988. सोना कहाँ पाया जाता है?

    (A) बालाघाट   (B) बैतूल

    (C) दतिया   (D) झाबुआ

989. छतरपुर में कौन सा खनिज पाया जाता है?

    (A) सीसा   (B) एस्बेस्टास

    (C) रॉक फॉस्फेट   (D) टिन

990. आर्कियन युग की चट्टानों से क्या प्राप्त होता है?

    (A) कोयला   (B) चीनी मिट्टी

    (C) संगमरमर   (D) गेरू

991. सबसे कम कठोर खनिज कौन सा है?

    (A) टॉल्क   (B) हीरा

    (C) सीसा   (D) इनमें से कोई नहीं

992. फ्लोराइट किस स्थान से प्राप्त होता है?

    (A) बैतूल   (B) जबलपुर

    (C) इंदौर   (D) ग्वालियर

993. पीपरा में प्राप्त होनेवाला खनिज कौन सा है?

    (A) कोरंडम   (B) ग्रेफाइट

    (C) टिन   (D) सीसा

994. अधात्विक खनिज कौन सा है?

उत्तर के लिए कृपया पृष्ठ सं. 150 व 151 देखें।

(A) ग्रेफाइट   (B) गेरू

(C) सीसा   (D) हीरा

995. टिन किन स्थानों से प्राप्त होता है ?

(A) गोविंदपुर, चुखाड़ा, बैतूल

(B) शहडोल, छिंदवाड़ा, होशंगाबाद

(C) जबलपुर, झाबुआ, धार

(D) छतरपुर, टीकमगढ़, शिवपुरी

996. रॉक फास्फेट किन स्थानों पर पाया जाता है ?

(A) सतना, पन्ना, ग्वालियर   (B) झाबुआ, छतरपुर, सागर

(C) शिवपुरी, सीधी, रीवा   (D) इनमें से कोई नहीं

997. उच्च ताप ईंटें किससे बनाई जाती हैं ?

(A) केओलिन   (B) ग्रेफाइट

(C) फायर क्ले   (D) डोलोमाइट

998. आदिवासियों का एक महत्त्वपूर्ण त्योहार कौन सा है ?

(A) होली   (B) भगोरिया

(C) रामनवमी   (D) दशहरा

999. भाई दूज पर्व वर्ष में कितनी बार मनाया जाता है ?

(A) 1   (B) 2

(C) 3   (D) 4

1000. गणगौर पर्व में किसकी पूजा की जाती है ?

(A) लक्ष्मी-गणेश   (B) राम-सीता

(C) शिव-पार्वती   (D) इनमें से कोई नहीं

उत्तर के लिए कृपया पृष्ठ सं. 151 देखें।

उत्तरमाला

1. (A) 1 नवंबर, 1956
2. (B) 21°6' उत्तर से 26°-54' उत्तर व 74° से 82°47' पूर्व
3. (B) पं. रविशंकर शुक्ल
4. (A) 1 नवंबर, 1956
5. (C) उज्जैन
6. (A) 26 जनवरी, 1972
7. (B) भोपाल
8. (A) सिरोंज
9. (B) सतपुड़ा-मैकाल श्रेणी
10. (D) 3,08,245 कि.मी.
11. (D) 2 अक्तूबर, 1985
12. (C) 1001 से 1026 ई. के मध्य
13. (A) शिवपुरी
14. (D) कस्तूरबा (इंदौर)
15. (A) शैल चित्रों के लिए
16. (C) सोनागिरि (दतिया)
17. (D) टीकमगढ़
18. (D) 9.38 प्रतिशत
19. (D) 1 अप्रैल, 1999
20. (C) दतिया
21. (B) रीवा
22. (A) दिल्ली
23. (B) भील
24. (A) हरदा
25. (A) पचमढ़ी
26. (B) खरबूजा महल—चंदेरी
27. (A) इटारसी
28. (A) सीहोर
29. (A) खंडवा
30. (C) पचमढ़ी
31. (D) ग्वालियर
32. (D) मध्य प्रदेश का उत्तरी-पश्चिमी भाग
33. (A) मालवा
34. (A) पं. द्वारिका प्रसाद शुक्ल
35. (D) डॉ. फजल अली
36. (D) रीवा
37. (C) बीड़ी उद्योग
38. (D) कान्हा-किसली राष्ट्रीय उद्यान
39. (A) बेतवा
40. (A) गोंड
41. (D) शंकर बाय

42. (A) विक्रमादित्य
43. (A) कालिदास
44. (D) कालिदास
45. (A) बाणभट्ट
46. (B) गजानन माधव 'मुक्तिबोध'
47. (A) कालिदास—कादंबरी
48. (D) न्यायमूर्ति प्रकाश प्रभाकर नाओलकर
49. (A) दतिया
50. (D) राजीव गांधी विधानसभा भवन
51. (A) इंदौर
52. (B) साड़ियों के लिए
53. (D) बेतवा
54. (B) सास-बहू का मंदिर
55. (A) चंबल
56. (A) मुल्ताई
57. (D) इनमें से कोई नहीं
58. (A) बुहरानपुर
59. (D) मऊ
60. (D) मझगवाँ
61. (D) गोंडवाना
62. (A) आद्य महाकल्प शैल
63. (C) प्रागैतिहासिक
64. (D) नुकीले पत्थर और हड्डियाँ
65. (A) राजा मुचकुंद
66. (B) महिष्मती नगरी
67. (D) विदिशा
68. (D) विदिशा

69. (A) श्रीदेवी
70. (D) विदिशा
71. (A) शुंग
72. (D) कसराबाद
73. (D) चंद्रगुप्त विक्रमादित्य
74. (B) उज्जैन
75. (A) 6
76. (B) बुरहानपुर से ग्वालियर
77. (B) ग्वालियर
78. (C) इंदौर
79. (A) नागपुर
80. (D) चंदेल
81. (D) इनमें से कोई नहीं
82. (C) रानी दुर्गावती
83. (B) नाहर शाह
84. (A) नरहरि शाह
85. (D) 1737 ई.
86. (A) मंदसौर
87. (A) उज्जैन
88. (C) उज्जैन
89. (D) अमरकंटक
90. (D) झाबुआ
91. (B) दतिया
92. (A) सेठ गोविंददास
93. (D) यहाँ के सभी व्यक्तियों द्वारा संस्कृत में बातचीत करने के कारण
94. (C) गोंड
95. (C) गोंड

96. (C) छतरपुर
97. (D) ग्वालियर
98. (A) चित्रकूट
99. (C) क ख ग घ
2 1 4 3
100. (C) साँची
101. (A) 25 जनवरी, 2001
102. (C) ग्वालियर
103. (D) चंदेरी (गुना)
104. (B) मांडू
105. (A) दाई का महल—मंडला
106. (D) उज्जैन
107. (C) चंबल
108. (A) सास-बहू का मंदिर
109. (D) ग्वालियर
110. (A) 25
111. (D) राजा राजबसंती ने
112. (A) मोहम्मद तुगलक
113. (D) उदय वर्मन
114. (D) धार
115. (D) भील
116. (A) मंडला में
117. (D) बुंदेला
118. (C) खंडवा
119. (B) दतिया
120. (A) सोन
121. (C) अमरकंटक
122. (A) उत्तर-पूर्वी
123. (A) बिलासपुरी
124. (A) विदिशा
125. (D) सोनागिर
126. (D) क ख ग घ
2 1 4 3
127. (A) बस्तर
128. (B) अशोक
129. (A) खजुराहो
130. (B) बुंदेला
131. (A) खंडवा
132. (A) दतिया
133. (B) सोन
134. (D) कलचुरी
135. (C) बीहू
136. (B) उस्ताद हाफिज अली खाँ
137. (D) अमरकंटक
138. (A) क ख ग घ
2 1 4 3
139. (A) झाबुआ
140. (B) खजुराहो
141. (C) संयुक्त आवास, जिसमें लड़के-लड़कियाँ साथ रहते हों।
142. (C) बाद्य (धार)
143. (D) अग्रदूत
144. (B) जबलपुर
145. (C) अखबार ग्वालियर
146. (A) बैगा
147. (D) ताप्ती
148. (A) उज्जैन

149. (B) गुफाओं के शैलचित्र
150. (A) भील
151. (B) महादजी सिंधिया
152. (C) चंदेल
153. (A) जानकी हरण
154. (A) मांडू का महल
155. (D) क ख ग घ
3 4 2 1
156. (A) सिरोंज
157. (B) गूजरी महल
158. (C) इंदौर
159. (C) राजा मानसिंह तोमर
160. (C) दशपुर
161. (C) उज्जैन
162. (A) राजा भोज
163. (D) अवंती
164. (D) वासुदेव
165. (A) महंत घासीदास
166. (C) मंडला
167. (D) झाबुआ
168. (A) साँची का स्तूप
169. (C) दतिया
170. (B) बेतवा
171. (D) बावनगजा
172. (D) जबलपुर
173. (D) भील
174. (C) विश्वामित्र
175. (D) पचमढ़ी
176. (A) चंदी-गुना
177. (A) चरक संहिता
178. (A) भोपाल-मराठा
179. (C) महाराजा भोज
180. (D) बुंदेलखंड
181. (C) अकबर
182. (A) कवि विद्यापति
183. (A) सूरदास
184. (C) तवा
185. (A) ओरछा
186. (B) खजुराहो मंदिर
187. (B) 50
188. (B) चार्ल्स कोरिया
189. (B) रायपुर
190. (C) उपर्युक्त दोनों
191. (A) सोमनाथ होर
192. (C) उपर्युक्त दोनों
193. (A) बैतूल जिले में मुलताई के पास, खंबात की खाड़ी
194. (C) राष्ट्रीय उद्यान, मंडला जिले में
195. (D) धर्मवीर भारती
196. (A) विधानसभा के प्रति
197. (B) चंबल
198. (D) चावल
199. (A) क ख ग घ
4 3 2 1
200. (A) क ख ग घ
1 2 3 4
201. (D) जबलपुर

202. (B) बघेलखंड
203. (A) क ख ग घ
4 2 3 1
204. (D) ग्वालियर मध्य प्रदेश की राजधानी थी
205. (B) खजुराहो
206. (A) रेलवे स्लीपर
207. (B) महू (इंदौर)
208. (B) बस्तर
209. (D) 6,61,35,862
210. (D) 5750
211. (C) झाबुआ
212. (D) इंदौर
213. (B) 4.43 लाख वर्ग कि.मी.
214. (D) मलाज खंड (बालाघाट)
215. (C) लौह अयस्क
216. (A) 1 अप्रैल, 1956
217. (B) भोपाल
218. (D) इंदौर
219. (B) कर्क रेखा
220. (A) 285
221. (C) 4
222. (B) मिथाइल आइसोसायनाइट
223. (A) बारहसिंगा
224. (A) दूधराज (पैराडाइज फ्लाइ कैचर)
225. (B) 29
226. (A) 230
227. (A) 12
228. (B) उमरिया
229. (C) धूपगढ़
230. (A) गंजबासौदा (विदिशा)
231. (B) काली
232. (B) चंबल नदी
233. (A) एल्यूमिनियम कारखाना
234. (D) 19,000 करोड़
235. (B) अलीराजपुर, सिंगरौली
236. (C) 8184
237. (B) प्रत्यक्ष रीति से
238. (B) मालवा अखबार
239. (B) ग्वालियर अखबार
240. (C) मुख्यमंत्री
241. (A) नर्मदा
242. (B) सागर एवं बीना
243. (B) जबलपुर
244. (A) मंदसौर
245. (B) मुरैना
246. (B) जबलपुर
247. (A) बालाघाट
248. (C) कटनी
249. (D) ग्वालियर
250. (D) गुना
251. (C) जबलपुर
252. (C) सागर
253. (A) दिल्ली
254. (D) भोपाल
255. (C) बरगी परियोजना
256. (D) बेतवा

257. (D) खंभात की खाड़ी
258. (C) ताप्ती
259. (C) नर्मदा
260. (D) क्षिप्रा
261. (A) इंदौर
262. (C) चंबल
263. (A) नर्मदा
264. (B) महू
265. (C) गुजरात
266. (A) मालवा का पणरी क्षेत्र
267. (D) सिद्ध बाबा चोटी
268. (B) हबीब तनवीर
269. (C) ग्वालियर
270. (B) उज्जैन
271. (C) खजुराहो
272. (B) बरकतुल्ला विश्वविद्यालय, सागर
273. (D) महाराजा भोज
274. (C) जबलपुर
275. (C) जबलपुर
276. (B) 1 अप्रैल, 1957
277. (D) डॉ. हरिसिंह गौर विश्व-विद्यालय, सागर
278. (D) 13 अप्रैल, 1982
279. (C) अमृता शेरगिल फैलोशिप
280. (B) आशा गोपाल
281. (A) भोपाल
282. (B) सोहागपुर (शहडोल)
283. (A) सैलाना
284. (B) काली सिंध
285. (A) छतरपुर
286. (D) भोपाल
287. (C) महू
288. (D) कल्पवृक्ष
289. (A) अमलाई
290. (B) छतरपुर
291. (B) भील
292. (C) भोपाल
293. (C) आगरा-मुंबई रोड
294. (B) मंडी दीप (रायसेन)
295. (C) मध्य प्रदेश
296. (D) बुधनी
297. (A) कटनी
298. (A) ग्वालियर
299. (B) ग्वालियर, भोपाल, इंदौर, जबलपुर तथा खजुराहो
300. (A) इंदौर
301. (C) एडवोकेट जनरल
302. (A) सागर
303. (D) खेल
304. (D) चित्रकला
305. (B) धार में
306. (B) अरहर
307. (C) सैलाना
308. (D) मालवा
309. (C) झाबुआ
310. (D) पूर्वी निमाड़
311. (B) मंडला

312. (A) भोपाल में
313. (A) इंदौर
314. (A) पन्ना में
315. (B) गुना
316. (B) इंदौर
317. (D) सभी के लिए
318. (A) चंबल
319. (C) विद्युत् उपकरण
320. (B) सागर वि.वि.
321. (A) बैतूल
322. (B) बुंदेलखंड
323. (A) भजन एवं लोकगीतों के लिए
324. (A) कत्थक नृत्य के लिए
325. (C) सरोद वादन के लिए
326. (D) ग्वालियर
327. (B) मुरैना
328. (A) बालाघाट
329. (A) 919
330. (C) 24वाँ
331. (A) दतिया
332. (C) नरसिंहपुर
333. (B) 63.7
334. (C) उपन्यास
335. (C) रायसेन जिले का कुमरा नामक ग्राम
336. (B) खंडवा
337. (A) नर्मदा नदी पर
338. (A) पन्ना
339. (D) खंडवा
340. (B) बालाघाट जिले का मलाज खंड क्षेत्र
341. (C) शहडोल जिले के सोहागपुर में
342. (B) मुरैना
343. (C) सतपुड़ा मैकाल श्रेणी
344. (B) तेंदू
345. (B) खैर
346. (A) मझगवाँ
347. (A) सोयाबीन
348. (C) मंदसौर
349. (C) कुआँ
350. (C) पीथमपुर (धार)
351. (B) मंडीदीप (रायसेन)
352. (B) सहरिया
353. (A) उज्जैन
354. (D) इनमें से कोई नहीं
355. (B) गूजरी महल
356. (A) बाँधवगढ़ राष्ट्रीय उद्यान
357. (C) साड़ी उद्योग
358. (A) इंद्रप्रस्थ
359. (D) 3050.5 मेगावाट
360. (B) 50,474
361. (B) बीना
362. (A) मुरैना
363. (C) कोयला
364. (B) ताँबा
365. (D) इंदौर
366. (A) इंदौर

367. (A) अमिताभ बच्चन
368. (A) उज्जैन
369. (A) जबलपुर
370. (B) महाराष्ट्र
371. (B) गांधी सागर
372. (C) इंदौर
373. (C) सातवाँ
374. (C) हरदा
375. (B) उत्तरी भाग से
376. (C) 24.34
377. (D) 196 व्यक्ति प्रति वर्ग कि.मी.
378. (B) सत्रहवाँ
379. (A) भोपाल एवं इंदौर
380. (D) 663 व्यक्ति प्रति वर्ग कि.मी.
381. (D) उज्जैन
382. (B) गुना
383. (B) मध्य भारत के पठार क्षेत्र की
384. (B) मालवा के पठार में
385. (A) मानसूनी वन
386. (C) जबलपुर में
387. (B) अरावली की पहाड़ियाँ
388. (C) जबलपुर
389. (B) सोन नदी पर
390. (C) ग्वालियर एवं इंदौर
391. (C) क्षिप्रा, नर्मदा, गंभीर, काली सिंध
392. (D) मध्य भारत का पठार
393. (D) (A) व (C) दोनों
394. (A) नेपानगर

395. (B) नर्मदा
396. (A) जबलपुर
397. (B) इंदौर
398. (A) रीवा
399. (A) मौलाना आजाद कॉलेज ऑफ टेक्नोलॉजी, भोपाल
400. (C) होशंगाबाद
401. (C) पचमढ़ी को
402. (A) दशपुर
403. (A) सागर
404. (C) बघेलखंड के पठार
405. (D) बुंदेलखंड के पठार
406. (C) सोनगिर (दतिया)
407. (A) सोमनाथ होर
408. (B) भोपाल में
409. (A) जबलपुर
410. (A) विजय मेहता
411. (B) रचनात्मक उर्दू लेखन
412. (A) बीहू
413. (A) उस्ताद हाफिज अली खाँ
414. (C) भोपाल
415. (B) लोकपाल
416. (A) वेरियर एल्विन
417. (C) अग्रदूत
418. (D) सामाजिक कार्यकर्ता
419. (A) अखबार ग्वालियर
420. (B) सुभद्रा कुमारी चौहान
421. (A) दूधराज
422. (B) कला

423. (A) टीकमगढ़
424. (B) संगीत विश्वविद्यालय
425. (B) जानकीहरण
426. (B) उज्जैन
427. (A) भोपाल
428. (B) बारहसिंगा
429. (A) बालाघाट
430. (C) रवि (संगीतकार)
431. (C) पं. बलवंत राय भट्ट
432. (C) माखनलाल चतुर्वेदी
433. (C) उपन्यास
434. (A) बुंदेलखंड
435. (C) एम. अरुण सुब्रमण्यम
436. (B) राजा भोज
437. (C) विद्याभारती (शिक्षा संस्थान)
438. (B) देवास
439. (B) भोपाल
440. (C) इंदौर
441. (D) जया बच्चन
442. (A) कैफी आजमी
443. (D) अमृता शेरगिल फैलोशिप
444. (B) कर्मवीर
445. (B) बरकतुल्ला विश्वविद्यालय, भोपाल
446. (B) खंडवा
447. (B) बेतवा
448. (B) शाजापुर
449. (B) मैहर
450. (D) गुलशन बाबरा
451. (D) रमाशंकर अग्निहोत्री
452. (B) सन् 1848
453. (A) उर्दू
454. (C) खंडवा
455. (B) ग्वालियर
456. (A) कर्मवीर
457. (A) 11
458. (C) राजाराम मौर्य
459. (C) 16 जनवरी, 1991
460. (A) आर्यभट्ट सम्मान
461. (A) गोंड
462. (B) बरगद
463. (C) भोपाल
464. (C) भोपाल
465. (D) बुरहानपुर
466. (C) इकबाल सम्मान
467. (A) चक्रधर फैलोशिप
468. (A) श्री रवि
469. (C) चंदेरी (गुना)
470. (B) रीवा
471. (B) 1981
472. (A) रूपंकर कला
473. (B) सोनल मानसिंह
474. (A) कला रामनाथ
475. (D) इंदौर
476. (B) हिंदी हेरल्ड–उज्जैन
477. (D) अमृत मंथन–देवास
478. (B) लता मंगेशकर पुरस्कार
479. (B) विशाल सभागृह

480. (A) 1988 भोपाल
481. (B) संगीत अकादमी 1978
482. (B) 1981
483. (A) उज्जैन
484. (A) नई विधा-नीमच
485. (C) श्री रवि
486. (A) भारतीय कविता
487. (D) हिंदी कविता
488. (D) लोक एवं पारंपरिक कलाएँ
489. (C) कुमार गंधर्व सम्मान
490. (C) शरद जोशी सम्मान
491. (B) महात्मा गांधी सम्मान
492. (D) कविता
493. (C) गजानन माधव मुक्तिबोध
494. (A) नाटक एवं एकांकी
495. (A) लोकभाषा कृति
496. (C) रामचंद्र शुक्ल पुरस्कार
497. (A) संगीत
498. (D) 15 फरवरी, 1922
499. (C) 22 नवंबर, 2000
500. (D) 1992
501. (C) सारस्वत सम्मान
502. (A) 1984 में
503. (D) 1985
504. (B) बनपाखी सुनो
505. (C) 1986 में
506. (B) कृति
507. (C) नई दुनिया
508. (D) प्रति सप्ताह
509. (C) अरण्या
510. (D) राम
511. (A) युधिष्ठिर
512. (D) यात्रा वृत्त
513. (C) ओरछा
514. (B) कठिन काव्य का प्रेत
515. (C) 9
516. (B) रामचंद्रिका
517. (C) सागर
518. (A) प्यारे लाल
519. (B) 1753
520. (A) 1833 ई.
521. (A) 4 अप्रैल, 1889
522. (B) खंडवा (वर्तमान बुरहानपुर)
523. (A) प्रभा
524. (C) हिमतरंगिणी
525. (C) कर्मवीर
526. (D) नाटक
527. (D) 1943 में
528. (C) 13 नवंबर, 1917
529. (A) 11 सितंबर, 1964
530. (C) श्योपुर
531. (B) राजनांद गाँव
532. (C) गजानन माधव मुक्तिबोध
533. (B) सुभद्रा कुमारी चौहान
534. (A) सुभद्रा कुमारी चौहान
535. (D) 8 दिसंबर, 1897
536. (A) ग्वालियर
537. (C) 29 अप्रैल, 1960

538. (B) उर्मिला
539. (A) मुक्ति बोध
540. (D) विपात्र
541. (C) कहानी
542. (D) सतह से उठता आदमी
543. (A) 22 अगस्त, 1919
544. (B) गुना
545. (C) 10 जनवरी, 1994
546. (D) गगनांचल
547. (C) मंजीर
548. (D) नाटक
549. (C) गजानन माधव मुक्तिबोध
550. (B) विजयराघव गढ़
551. (C) 1857
552. (D) राजघराना
553. (A) 4 मार्च, 1899
554. (C) श्यामा स्वप्न
555. (A) 23 मार्च, 1914
556. (C) गीत फरोश
557. (A) 1985
558. (D) होशंगाबाद
559. (A) 22 अगस्त, 1924
560. (D) वसुधा
561. (C) प्रहरी
562. (B) 10 अगस्त, 1995
563. (D) उपन्यास
564. (A) 2
565. (C) हरिशंकर परसाई
566. (D) उज्जैन
567. (C) 21 मई, 1931
568. (B) परिक्रमा
569. (C) हिंदी एक्सप्रेस
570. (D) पद्मश्री
571. (A) सितंबर 1991
572. (D) तिलिस्म
573. (C) उपन्यास
574. (D) शरद जोशी
575. (C) शरद जोशी सम्मान
576. (D) हरिशंकर परसाई
577. (D) कहानी
578. (C) मुल्ला रमूजी
579. (A) 21 मई, 1896
580. (B) 1921
581. (C) 10 जनवरी, 1952
582. (A) रीवा
583. (C) ग्वालियर
584. (C) 1968-78
585. (A) 1956-61
586. (A) 27 नवंबर, 2002
587. (D) नाटक
588. (C) विश्वास बढ़ता ही गया
589. (D) पर आँखें नहीं भरीं
590. (A) मिट्टी की बरात
591. (D) मिट्टी की बरात
592. (C) सुभद्रा कुमारी चौहान
593. (B) 13 जनवरी, 1933
594. (D) ग्वालियर
595. (B) अखिल भारतीय सूर पुरस्कार

596. (C) बिलासपुर
597. (B) 18 दिसंबर, 1931
598. (C) नालाघाट
599. (B) साप्ताहिक धर्मयुग
600. (A) 10 दिसंबर, 1944
601. (C) जूठन
602. (B) 1995
603. (A) 1995 में
604. (C) उपन्यास
605. (B) महाराजा वीरसिंह जूदेव पुरस्कार
606. (B) 16 मई, 1933
607. (C) गुलशेर खाँ
608. (D) बबूल की छाँव
609. (B) 1981 में
610. (D) काला जल
611. (C) 10 फरवरी, 1995
612. (C) 1958 में
613. (D) जहाँपनाह जंगल
614. (A) 15 जुलाई, 1936
615. (C) सीहोर
616. (B) कागद कारे
617. (C) 1981–83
618. (C) 1966–68
619. (B) 5 नवंबर, 2009
620. (D) 19 जून, 1871
621. (C) ग्वालियर
622. (A) जनवरी 1900
623. (D) दिसंबर 1902
624. (C) 1906 में
625. (B) 13 अप्रैल, 1907 में
626. (D) 1909 में
627. (A) 1909 में
628. (D) 1915 में
629. (A) 12 अप्रैल, 1920 में
630. (C) मई 1920 में
631. (D) 1920 में
632. (C) 23 अप्रैल, 1926 में
633. (D) ग्वालियर
634. (C) आफताब-ए-सरोद
635. (B) 1960 में
636. (C) 28 दिसंबर, 1972 में
637. (C) सरोद घर
638. (B) उस्ताद अमजद अली खाँ
639. (C) उम्द तुल अखबार
640. (C) मार्च 1871
641. (D) सुबोध सिंधु
642. (B) वालाजाही
643. (C) 1909 में
644. (A) 1881
645. (D) नवंबर 1881
646. (B) मौलाना अमजद अली अशहरी
647. (B) साप्ताहिक
648. (A) 1883
649. (D) मौज-ए-नरबदा
650. (C) जबलपुर
651. (D) रामगुलाम अवस्थी

652. (C) काव्य सुधा निधि
653. (D) रघुवर प्रसाद द्विवेदी
654. (C) रतलाम
655. (D) मुशर्रफ यार खाँ
656. (C) फैयाजुर्रहमान
657. (D) होशंगाबाद
658. (C) मई 1884
659. (D) मौज-ए-जराफत
660. (B) छावनी इंदौर
661. (C) पं. जगमोहन नाथ 'शौक'
662. (D) 1 सितंबर, 1885
663. (C) अब्दुल वाहिद
664. (D) 8
665. (D) मासिक
666. (B) मौलवी गजनफर हुसैन—सैयद इकरामुद्दीन
667. (D) फतहगढ़ (भोपाल)
668. (D) 1 अक्तूबर, 1885
669. (C) हकीम असगर हुसैन
670. (D) सत्यबोधिनी
671. (C) देवाजीराव तंजावरकर
672. (C) भारत भ्राता
673. (D) लाल बलदेव सिंह
674. (C) भोपाल
675. (D) अर्जुमंद मोहम्मद खाँ सलीम
676. (C) 19 सितंबर, 1887
677. (D) रतलाम
678. (C) जुलाई 1888
679. (B) अब्दुल रहीम 'सबा'
680. (A) ग्वालियर
681. (C) अनंत कृष्ण शास्त्री
682. (C) सुगृहिणी
683. (A) हेमंत कुमारी देवी
684. (C) हेमंत कुमारी देवी
685. (D) जबलपुर
686. (C) मौलाना मोहम्मद अब्दुल जब्बार 'उमरपुरी'
687. (B) 15 मई, 1893
688. (D) बाल विभाग
689. (A) मोरेश्वर राव चंद्राकर
690. (D) भोपाल
691. (C) अर्जुमंद मोहम्मद खाँ
692. (C) 1902
693. (B) मेहर-ए-मुनीर
694. (C) अर्जुमंद मोहम्मद यासीन खाँ
695. (D) शिक्षा प्रकाश
696. (B) रघुवर प्रसाद द्विवेदी
697. (D) हितकारिणी
698. (C) भोपाल
699. (D) मोहम्मद यूसुफ कैसर
700. (C) मशवरा
701. (D) सैयद याकूब अल हसन
702. (C) जाति सुधार
703. (D) कालूराम गंगराड़े
704. (B) जबलपुर
705. (D) भोपाल

706. (A) सैयद मोहम्मद कैसर-
कामदार अब्दुल मतीन
707. (C) 7 अप्रैल, 1913
708. (B) कालूराम गंगराड़े
709. (D) काव्य कादंबिनी
710. (C) रघुपति शास्त्री
711. (D) शारदा-विनोद
712. (C) नर्मदा प्रसाद मिश्र
713. (B) राम प्रसाद मिश्र
714. (D) जबलपुर
715. (B) कृष्ण केशव शिगवेकर
716. (C) धर्मसेवक
717. (B) जानकी राम दुबे
718. (D) कान्यकुब्ज नायक
719. (C) भोपाल
720. (A) अक्तूबर 1975
721. (A) 1941 में
722. (B) नरेंद्र हिरवानी
723. (C) विक्रम पुरस्कार
724. (A) राजेश चौहान
725. (B) शिवेंद्र सिंह
726. (D) खेल
727. (D) महिला क्रिकेट
728. (D) क्रिकेट
729. (A) हॉकी
730. (B) गोताखोरी
731. (B) भोपाल
732. (D) उपर्युक्त सभी
733. (A) 2

734. (A) 3
735. (A) इस्माइल अब्बासी और
अहमद शेर खाँ
736. (D) इंदौर
737. (B) 1890 में
738. (D) इंदौर
739. (A) 1941
740. (A) 1987-88
741. (D) वेस्टइंडीज
742. (A) 16
743. (B) राजेश्वरी ढोलकिया
744. (D) होल्कर क्रिकेट एसोसिएशन
745. (B) 19 अक्तूबर, 1946
746. (C) जबलपुर
747. (A) 19 अक्तूबर, 1946
748. (B) सुंदर लाल पटवा
749. (B) 1957
750. (D) जबलपुर
751. (C) रीता जैन
752. (D) चित्रकूट
753. (D) खरगौन
754. (C) एम.पी. तिवारी को
755. (C) श्रीमती सारिका गुप्ता
756. (D) शिवेंद्र सिंह
757. (B) समीर खान
758. (C) 23.2
759. (B) 6.6 करोड़
760. (D) पुं. 57.43 म. 28.39
761. (C) छत्तीसगढ़

762. (B) 1911-20
763. (C) पश्चिमी मध्य प्रदेश में
764. (B) महानदी
765. (C) 4.43 लाख वर्ग कि.मी.
766. (D) दक्षिण के जिले
767. (C) 7
768. (A) राजनांद गाँव
769. (D) खंडवा—खरगौन
770. (C) देवभोग
771. (B) बस्तर, सरगुजा
772. (B) मुरैना
773. (B) उज्जैन, रतलाम, रायगढ़
774. (C) मालवा का पठार
775. (C) 26.84
776. (C) भोपाल
777. (C) 76 हजार
778. (A) टीकमगढ़, दमोह, छतरपुर
779. (B) भिंड, मुरैना
780. (A) झाबुआ
781. (C) दूसरा
782. (B) मुरैना
783. (A) ताँबा व हीरा
784. (D) कर्क रेखा
785. (A) चंबल
786. (D) 1975
787. (A) तवा और गांधी सागर
788. (D) मैकाल पर्वत श्रेणी
789. (D) 50474
790. (C) सौंसर क्रम
791. (B) मैंगनीज एवं संगमरमर
792. (C) ग्वालियर
793. (B) सिवनी
794. (D) मंडीद्वीप
795. (A) सागर
796. (C) उज्जैन
797. (B) खरगौन
798. (D) टीकमगढ़
799. (A) बोग्रा
800. (C) जबलपुर
801. (B) ग्वालियर
802. (B) 73.33
803. (D) देवास
804. (C) खंडवा
805. (B) द्वितीय
806. (C) कृष्ण मृगों हेतु
807. (B) शिवपुरी
808. (A) साल
809. (B) मांडू
810. (C) होशंगाबाद
811. (A) सागर, झाबुआ
812. (B) बेतवा
813. (D) भिंड
814. (C) 32° सेंटीग्रेड
815. (B) कान्हा-किसली
816. (A) खंडवा
817. (B) भील
818. (A) ऊर्जा एवं सिंचाई
819. (C) केन बहुउद्देशीय परियोजना

820. (D) सामाजिक सेवाएँ
821. (C) 26 जनवरी, 2001
822. (D) 1 अप्रैल, 1999
823. (A) जबलपुर
824. (C) 1995 में
825. (C) 2 अक्तूबर, 1985
826. (A) दतिया
827. (B) 1956
828. (C) रामेश्वर ठाकुर
829. (C) 2,385 करोड़
830. (B) भोपाल
831. (A) पं. जसराज को
832. (C) 1987
833. (B) डेनमार्क
834. (C) शिवराज सिंह चौहान
835. (D) डॉ. बी. पट्टाभि सीतारमैया
836. (B) 38
837. (A) जुलाई 1986
838. (B) डिंडोरी
839. (D) छह
840. (B) कांग्रेस (आई)
841. (A) राजा नरेश चंद्र
842. (D) उमा भारती
843. (B) 19,000 करोड़
844. (D) नागपुर
845. (C) लाहौर
846. (D) जबलपुर
847. (A) बैतूल
848. (C) सिवनी
849. (D) 1 जुलाई, 1857
850. (B) श्री भगवत राव मंडलोई
851. (C) राजा नरेशचंद
852. (B) छत्तीस
853. (C) भाग बी
854. (C) सैयद फज़ल अली
855. (D) 13 अप्रैल, 1982
856. (A) भोपाल
857. (C) 24 अक्तूबर, 1972
858. (B) भोपाल
859. (A) वीरेंद्र सखलेचा
860. (D) 1984 में
861. (D) प्रकाश प्रभाकर नाओलकर
862. (C) पी.वी. दीक्षित
863. (B) वी.जी. घाटे
864. (A) सागर
865. (D) 9
866. (B) इंदौर
867. (A) भोपाल
868. (D) खरगौन
869. (C) भोपाल
870. (A) 1 नवंबर, 2000
871. (D) 870 कि.मी.
872. (B) 605 कि.मी.
873. (C) सीधी
874. (B) दूसरा
875. (A) घाटी गाँव (ग्वालियर) तथा करैरा (शिवपुरी)
876. (D) उपर्युक्त सभी

877. (A) नाहर शाह
878. (A) 1737 ई.
879. (D) 1818 ई.
880. (A) महाकौशल
881. (D) 3 जून, 1857
882. (A) 3
883. (C) 6
884. (C) 6
885. (A) अमरकंटक
886. (C) 470 कि.मी.
887. (A) 3
888. (D) कपास
889. (B) 1976 में
890. (A) 25 जुलाई, 1975
891. (D) पूरणा
892. (B) बुरहानपुर
893. (A) यमुना
894. (D) 965 कि.मी.
895. (B) 780 कि.मी.
896. (A) गंगा
897. (C) शिवपुरी
898. (D) सिंध
899. (B) इंदौर
900. (C) नेपानगर
901. (D) होशंगाबाद
902. (A) चीनी मिट्टी
903. (C) अमर गाँव
904. (D) झाबुआ
905. (B) 1960 में
906. (B) भोपाल
907. (A) 1981 में
908. (B) 1981 में
909. (C) रीवा
910. (D) चंबल
911. (B) इंदौर
912. (A) चंबल
913. (D) भोपाल
914. (C) दतिया
915. (C) भोपाल
916. (C) शिवपुरी
917. (B) ग्वालियर
918. (A) दतिया
919. (B) विदिशा
920. (C) भोजपाल
921. (B) रीवा
922. (A) 1980 में
923. (B) सितंबर 1983
924. (D) नवंबर 1984
925. (B) 1982
926. (C) ग्वालियर
927. (D) उज्जैन
928. (A) भोपाल
929. (C) 1977
930. (B) नवजीवन
931. (A) 1915
932. (D) इंदौर
933. (A) 5 जून, 1947
934. (B) 1946

935. (C) 1957
936. (D) 1957
937. (C) 1964
938. (B) 1991
939. (A) सतना
940. (B) जबलपुर
941. (D) 1946 में
942. (A) ग्वालियर
943. (C) मंडला
944. (B) 1933 में
945. (A) मंडला
946. (C) 1907 में
947. (A) 1915
948. (C) 1934 में
949. (C) पीथमपुरा में
950. (B) धार
951. (A) भोपाल
952. (A) खरगौन
953. (B) ग्वालियर
954. (B) नेपानगर
955. (C) कैट
956. (A) कस्तूरबा (इंदौर)
957. (B) 1955 में
958. (B) 1995 में
959. (C) भोपाल
960. (C) ग्वालियर
961. (D) चंबल
962. (C) कत्था
963. (D) रीवा
964. (C) पन्ना
965. (C) रीवा
966. (C) मैहर
967. (A) रीवा
968. (B) मैहर
969. (C) तेलशोधक
970. (B) ताजुल मसजिद
971. (A) भोपाल
972. (D) अनाज मंडी
973. (C) उज्जैन
974. (D) उज्जैन
975. (A) उज्जैन
976. (B) देवास
977. (A) मानसूनी
978. (C) ग्वालियर
979. (A) 5
980. (C) जबलपुर
981. (B) ग्रेफाइट
982. (D) 1908 में
983. (D) 1968 में
984. (A) कटनी
985. (C) किरंदुल दुर्ग
986. (A) चाँद नगर
987. (B) पेट्रोलियम
988. (A) बालाघाट
989. (C) रॉक फॉस्फेट
990. (C) संगमरमर
991. (A) टाल्क
992. (B) जबलपुर

993. (A) कोरंडम
994. (D) हीरा
995. (A) गोविंदपुर, चुखाड़ा, बैतूल
996. (B) झाबुआ, छतरपुर, सागर
997. (C) फायर क्ले
998. (B) भगोरिया
999. (B) 2
1000. (C) शिव-पार्वती

☐☐☐

Printed in the USA
CPSIA information can be obtained
at www.ICGtesting.com
CBHW021453240924
14863CB00052B/853

9 789352 666430